물공포증인데 스쿠버다이빙

scuba diving

물공포증인데 스쿠버다이빙

초판 1쇄 발행 2021년 6월 1일

지은이 차노휘
펴낸이 장길수
펴낸곳 지식과감성#
출판등록 제2012-000081호

교정 정은지
디자인 윤혜성
편집 윤혜성
검수 김혜련, 윤혜성
마케팅 고은빛, 정연우

주소 서울시 금천구 벚꽃로298 대륭포스트타워6차 1212호
전화 070-4651-3730~4
팩스 070-4325-7006
이메일 ksbookup@naver.com
홈페이지 www.knsbookup.com

ISBN 979-11-6552-860-7(03810)
값 16,000원

- 이 책의 판권은 지은이와 지식과감성#에 있습니다.
- 이 책 내용의 전부 또는 일부를 재사용하려면 반드시 양측의 서면 동의를 받아야 합니다.
- 잘못된 책은 구입하신 곳에서 바꾸어 드립니다.

지식과감성#
홈페이지 바로가기

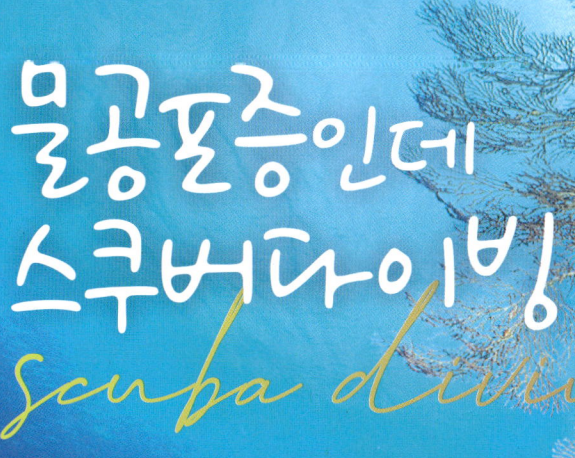

물공포증인데
스쿠버다이빙
scuba diving

차노휘 지음

용기를 꺼낼 때이다. 세상을 바꿀 수는 없어도
'나'를 움직일 수는 있다.

지식과감정#

차례

013 　　작가의 말
015 　　author's note

여행자 보험도 없고 유서도 안 썼는데…

019 　　오픈워터 과정 첫 입수하는 날
021 　　저승사자 조나단
022 　　장비도 강사도 믿자!

다이버 강사라고 물속이 무섭지 않을까

029 　　줄리아
032 　　관념적인 물공포증
036 　　견디면 모든 것이 극복되리라?

요즘 핫한 이집트 다합, 세계에서 제일 싼 '이것'

041 　　다합
043 　　하늘이 내려준 지형
046 　　다합에서의 일상

스쿠버 다이빙, 교육이 끝나 간다는 게 두려웠다

- **053** 점점 편해지는 물속
- **056** 다이브 마스터 또는 마스터스쿠버 다이버?
- **057** 어드밴스 과정을 모두 마치고

다이브 마스터(DM)가 되기 위한 11가지 테스트

- **069** 다이브 마스터(DM)가 되기 위한 11가지 테스트 목록
- **073** SDI와 PADI의 차이점
- **079** 훈련 준비 완료

갑자기 불허된 펀 다이빙

- **083** 물속 고수들 중 한 명
- **089** 아름다운 물속
- **092** 이해할 수 없는 조나단, 왜?

다이브 마스터 필수, 8가지 장비에 관한 브리핑

- **101** 장비 의존형 스포츠
- **103** 8가지 장비 브리핑
- **113** 다이브 마스터 동료들
- **113** J의 고민

"비행기 세 번 타고 왔는데…
포기하면 아깝잖아?"

119	다이브 마스터 훈련생의 일상
121	다이브 마스터 훈련생 세 명
121	J

다이빙을 하면 할수록
알아가는 것들

129	강도 높은 훈련의 연속
131	다이빙과 다이빙 사이
141	다양한 교수법

순수한 즐거움을 되찾아야 하는 순간

147	즐거움의 필요성
150	기회
153	가끔 외도도 필요하다

펀 다이빙, 그 '펀'이 아니라고요

161	나이트 다이빙
164	붕붕 떴던 남자
167	마하무드의 경고

다이빙, 열심히 하면 얻게 되는 것들

- **175** 중도 출수
- **176** 의지의 한국인
- **180** 열심히 하면 얻게 되는 것들

인공호흡 박자 맞추기, 이렇게 어려울 수가

- **187** 레스큐 교육 및 시험
- **193** 레스큐 시험에서의 마지막 관문
- **194** 끝나지 않은 위기

열등생의 비애… 그리고 가이딩 테스트

- **197** 열등생의 비애
- **198** 가이딩 테스트 훈련
- **204** 그래도 포기할 수 없는…

9분 55초… 드디어 모든 테스트를 마쳤다

- **213** 마지막 시험
- **216** 물속 지도 그리기
- **217** 드디어 다이브 마스터가 되다

- **225** 다이빙을 끝낸 후 이집트 다합에서 만난 소년을 후원하고 생긴 일

작가의 말

나는 물공포증이 있다. 작년 여름 요르단 와디무집Wadi Al Mujib 계곡 어드벤처 때 우연히 물속을 들여다보았다. 바깥에서 볼 때와 달리 신비로웠다. 호기심은 용기를 주었다. 귀국하자마자 집 근처 수영장에 등록했다. 처음에는 수영장 물이란 물은 다 마신 듯했다. 쓰지 않던 근육이라 어깨가 아파 왔고 고관절 통증이 있다.

포기할 수는 없었다.

수영을 배운 지 3개월 뒤 이집트 다합Dahab으로 떠났다. 다합은 세계에서 가장 아름다운 바다가 있고 스쿠버 다이빙 교육비가 쌌다. 다이브 마스터가 되고 싶었다.

오픈워터open water 교육 첫날, 수심 5m에서 탈출해야 했다. 나를 다시 물속으로 끌고 가려는 강사가 저승사자처럼 보였다. 그날 한숨도 자지 못했다. 그래도 그만둘 수가 없었다. 매일 30kg 장비를 메고 하루에 4~6번 다이빙을 했다. 다이빙이 끝나면 다음 다이빙 시간까지 양지바른 곳을 찾아 찬기를 말려야 했다. 공기통 끝이 등살갗을 파고들었다. 짠물에 손톱 끝이 갈라졌으며 손가락은 장비 세팅과 해체의 반복으로 부어올랐다.

오기가 생겼다.

교육 외의 다이빙을 다 따라다녔다. 물속 스킬이 늘었고 웨이트가 줄어들었다. 공기 소모량도 적었다. 다이브 마스터가 되기 위한 11가지 시험을 차례대로 통과했다. 두 달이 될 즈음 모든 시험을 통과했다. 드디어 원했던 것을 이루었다.

바닷속은 미지의 세계였다. 블루 빛의 고요함과 산호초 군락의 아름다움. 하얀 모래사장과 수면으로 내리비추는 달빛만으로 바닷속을 유영했던 나이트 다이빙. 그만 죽어도 여한이 없을 것처럼 가슴이 벅차올랐다.

세상은 아름다웠지만 그 아름다움은 공짜가 아니었다. 용기 있는 사람만이 즐길 수 있다. 그 용기는 누구에게나 있다. 다만 사용하지 않을 뿐!

용기를 꺼낼 때이다. 세상을 바꿀 수는 없어도 '나'를 움직일 수는 있다. 좀 더 능동적이고 긍정적인 사람으로…

"'물공포증인데 스쿠버다이빙'을 연재할 수 있도록 지면을 허락해 준 전남일보 관계자님들과 사진을 흔쾌히 내준 정우성 작가님께 감사드립니다."

2021년 6월
차노휘

author's note

I wanted to be a dive master, but had to overcome my crippling fear of water. Last summer, during an adventure in Jordan's Wadi Mujib Valley, I unintentionally looked at the running stream. Unlike the ground surface the stream held a mysterious interior, which gave me the courage to be curious.

As soon as I returned home, I booked a pool time slot near my house. Swimming was difficult at first and found myself swallowing a lot of water. I was using new muscles that I have never used before and my shoulders and hip were constantly aching. However, I could not and would not give up. I wanted to be a Dive Master.

Three months later, I went to Dahab, Egypt. Dahab has one of the most beautiful seas in the world and the scuba diving classes are affordable. On the first day of "Open Water Education", my instructor was pulling me deeper and deeper underwater. I had to escape his God of Death grasp in order to reach the surface. I couldn't sleep a wink that night. But I couldn't stop. I wanted to be a dive master.

I would dive four to six times a day, with thirty kilograms of equipment on my back. After diving, I would look for sunny spots and dry off with the cold air until the next session. Diving was taking its toll on my body. The tip of the air pump bit into my back, the salt water cracked my fingertips, and the fingers became swollen by setting up and breaking down equipment.

But I can feel myself getting stronger day by day. My tenacity was getting stronger day by day.

I attended all kinds of diving sessions besides educational ones. My underwater diving skills were increasing while my weight was decreasing. My air consumption, while underwater, was also lower than before. In two months, I passed eleven different tests to become a dive master. I finally achieved my goal. I am a divemaster.

The ocean is an unknown world. The serenity of blue lights and the beauty of coral reef, a night diving in a white beach where I followed the moonlight which stayed on the surface. My heart filled with joy, as if I had nothing to regret.

The world is a beautiful place, but its beauty is not free. Only courageous people can enjoy. Every living soul is capable to obtain and act on courage. However, people are given the choice to use it.

It's time to get up and pick up your courage. Even if one can't change the world, a person can change oneself. To be more active and more positive person…

June 2021
No-ra

ⓒ 정우성

ⓒ 정우성

1

여행자 보험도 없고
유서도 안 썼는데…

오픈워터 과정 첫 입수하는 날

조나단은 분명 저승사자였다. 5m 수심에서 보트 밧줄을 잡고 올라가고 있는 내 발목을 자꾸만 잡아챘다. 그럴 때마다 사정없이 발길질을 해야 했다. 번거로운 호흡기도 떼어버리고 스쿠버 장비도 벗어버리고 해안까지 수영을 하고 싶었다.

스몰 사이즈 5mm 웨트슈트wet suit는 가슴과 옆구리를 조여 왔다. 약간 낀다 싶은 잠수복이 물 저항과 체온 유지에 적당하다고 했다. BCD부력조절조끼와 공기통, 9kg 웨이트벨트까지 허리에 감았다. 장비 무게만도 거의 30kg.

입수할 때 바람이 불어 파도가 출렁거렸다. 가슴 깊이 수심에서 조이는 슈트를 입고 30kg 장비를 착용하고 핀을 신어야 했다. 균형을 잡지 못해 기우뚱했다. 옆에서 도와주는 다이브 마스터 훈련생이 없었다면 아마 넘어졌을 것이다.

핀을 신었던 물속에서 무릎을 꿇고 앉아서 강사가 먼저 시범 보이는 몇 가지 기술을 '제대로 따라 하는 것'이 첫 과제였다. 마스크에 물 찼을 때 물 빼기, 호흡기 빠졌을 때 호흡기 찾기 등을 통과하고는 다시 수면으로 올라왔다. 약 100m 떨어진 보트까지 잠수가 아닌 물장구를 치면서 두 번 왕복하기까지 했다.

문제는 가슴 높이에서 5m 수심으로 다이빙해서 내려갈 때였다. 수심 1m만 내려가도 압력평형이퀄라이징, equalizing을 해야 한다. 수심이 깊어지면 주위 압력이 높아진다. 압력이 높아지면 공기 공간 부피가 줄어든다.

우리 몸에도 공기 공간이 있다. 귀, 폐, 사이너스sinus, 副鼻腔, 사람마다 다른 치아 공간, 마스크. 그곳이 아래로 내려갈수록 작아지거나 찌그러진다. 주위 압력과 똑같이 유지시켜주지 않으면 '압착'이 생긴다. 인체 조직이 손상될 수도 있다. 압착은 인체 내의 공기 공간 압력보다 외부 압력이 높을 경우에 발생한다.

공기 공간이 제일 큰 폐는 풍선처럼 부드러워서 호흡만 멈추지 않는다면 자연스럽게 수축과 팽창을 반복한다. 사이너스와 귀는 그렇지 않다. 마스크는 별도다. 압력평형이퀄라이징을 해주어야 한다. 이론은 간단하다.

두 손가락으로 코를 막고 코를 풀듯이 '킁' 하면 된다. 이런 작업은 귀 통증이 오기 전에 수시로 해줘야 한다. 2~3초마다 한 번씩 하강할 때만 한다. 상승할 때 하면 역압착이 와서 되레 더 고통스럽다. 이론처럼 쉽게 되지 않는 사람도 있다.

바로 나다.

코를 두 손으로 막고 킁, 하고 풀면 반응이 없다. 있는 힘을 다해 킁킁, 해주고도 턱을 좌우로 흔들어야 한다. 온 힘을 끌어 모아야 하기 때문에 몸서리치는 것처럼 보인다. 그것을 연속적으로 반복해야 귀가 펑, 하고 뚫린다.

저승사자 조나단

수심 5m도 내게는 깊은 바다였다. 검푸른 빛깔이 두려움을 배로 만들었다. 마스크 안에 물이 자주 찼다. 물공포증이 있던 나는 호흡기가 빠질 것 같아 있는 힘껏 어금니에 힘을 주었다. 제대로 마우스피스를 입술로 완전히 덮지 못해서 물이 들어왔다. '우'를 발성할 때처럼 입술을 앞으로 내밀어 마우스피스를 덮어야 하는데 나는 제대로 해내지 못했다. 수영을 어중간하게 배워선지 코로 숨을 쉬기도 했다. 아예 나는 코를 손가락으로 틀어쥐었다.

물속에서는 생래적으로 지닌 불안감이 있다. 서너 가지가 한꺼번에 되지 않았다. 마스크 물을 빼면 호흡기를 꽉 깨물고 있는 턱이 아팠다. 코를 쥐어 틀고 있는 왼손 검지와 엄지로 인플레이터까지 눌러야 했다. 이퀄라이징이 잘 되지 않아 몸서리치듯 코를 풀고 치아를 흔들고 나면 코로 숨을 쉬고 있었다.

아래로 내려갈수록 가슴이 답답해졌다. 급기야 호흡곤란증까지 생겼다. 입속으로 물이 수시로 들어왔다. 바닷물이 짜다는 것이 새삼스러울 정도였다. 앞서가는 조나단에게 가슴이 답답하다고 가슴을 주먹으로 치고 손가락으로 위로 올라가겠다는 신호를 보냈다.

그는 안 된다고 손사래를 쳤다. 나는 부력조절기BCD 인플레이터를 연거푸 눌렀다. 잠시도 물속에서 머무르고 싶지 않았다. 숨이 막혀 죽을 것 같았다. BCD에 공기가 찼고 나는 상승하기 시작했다.

그런데, 웬걸! 그가 나를 잡았다.

'교육이고 뭐고 다 때려치우고 싶단 말이야! 일단 살고 봐야지!'

이렇게 외쳤지만 말을 할 수가 없었다. 그를 떼어내고 올라갔다. 그가 또 잡았다. 내가 발길질을 있는 힘껏 해서인지 그가 떨어져 나갔다. 그런데 또 붙잡히고 말았다. 조나단은 저승사자인가. 아무리 교육이 중요하다지만 교육생도 목숨은 하나뿐이지 않는가. 드디어 수면에 도달했고 조나단이 뒤따라왔다.

"교육 비디오 봤죠? 갑자기 수직상승하면 감압병이 생길 수 있다는 것? 5m 정도이니 괜찮지 15m면 진짜 큰일 나요?"

그는 좀 상기되어 있었지만 나는 그의 표정을 신경 쓸 여력이 없었다. 되받아쳐서 물었다.

"그럼 15m도 들어가나요?"

"내일 들어가야죠?"

하늘이 무너지는 것 같았다. 여행자 보험도 들지 않았고 유서도 쓰지 않았다. 이렇게 먼 나라까지 내가 죽으려고 온 것은 아니었다. 오픈워터 교육 시작하기 전에 작성했던 서류 문구가 떠올랐다. 스쿠버 다이빙은 위험한 스포츠라는 것을 충분히 인식하고 있으며 사고가 발생하더라도 강사에게 책임을 묻지 않는다, 라는 문구에 교육생이 서명하도록 되어 있다.

'네가 책임지지 않아도 되니까 이렇게 강압적으로 진도를 나가겠다는 거야?'

속에서는 강사를 향한 짜증이 부글부글 올라왔다. '열심히 살면서, 하고 싶은 것 하다가, 여한 없는 한 사람이 여기 묻혔다.' 이런 비문 하나 남기는 것이 고작인가. 무모하게 죽고 싶지 않았다.

장비도 강사도 믿자!

이론시험을 위해서 밤새 뒤척뒤척하다가 한국에 있는 스쿠버 다이빙 마스터인 지인에게 톡을 보냈다.

"수영장에서 며칠이나 기초훈련을 받았죠?"

"2~3일. 그러고는 개방수역 가서 하루. 풀다이빙 코스에서도 하고."

'그렇다면 내가 그리 못하는 것도 아니네? 고작 한 시간 물속에서 테스트 받고 갔으니.' 나는 속으로 생각했다. 자존심상 지인에게 입수 첫날 물 밖으로 나왔다는 말을 하지 못했다. 지인이 덧붙였다.

"이퀄라이징은 컨디션에 따라 다르니 술 마시지 말고 아침에 가볍게 운동하고… 장비를 믿어요."

"강사 쌤도 믿으란 말이겠죠?"

내가 내 위안을 받고자 물었다. 한국과 이집트는 7시간 차이가 난다. 지금 이곳이 아침 6시이니 한국은 점심시간 즈음이다. 나는 J에게 고맙다는 메시지를 전하고 숙소를 나섰다. 아침 6시가 지나면 해안가를 따라서 왕복 6km를 달리는 것이 일상으로 자리 잡았다.

화려한 전등, 음식 냄새를 풍기며 종업원들이 길거리 손님을 유혹하는 저녁과 달리 아침 해안가는 화장 지운 여인네의 얼굴처럼 해맑다. 빈 소파에서는 고양이나 개들이 아침 햇살을 즐기고 있다.

모든 해안가 레스토랑은 문단속을 하지 않는다. 길거리와 바닷가를 향한 개방식 실내 구조라 입구에 의자 하나로 가려 놓고 들어가지 말라는 표식을 할 뿐이다. 달리다 보면 위치 좋은 곳은 사람들이 들어가서 일출을 감상하기도 한다.

나는 붉게 퍼지는 햇무리가 수평선을 기점으로 영역을 넓혀 갈 때 속도를 늦추었다. 해가 떠오를 즈음이면 상점과 호텔이 끝나는, 인적이 없는 바닷가에 이른다. 아무도 없는 흙을 밟고 돌밭을 지난다. 물살을 발아래에 두고 쪼그려 앉는다. 마치 붉은 신의 자궁에서 탯줄 감은 샛노란 태양이 막 빠져나오는 것만 같은 일출 광경을 놓치고 싶지 않아서이다.

전날 '내 돈 내고 지금 뭣 하고 있지? 당장 때려치워?'라고 심각하게 고민을 했어도 아침이면 수평선으로 잔잔하게 퍼지는 햇살에 마음이 순해져서 오늘도 살아갈 에너지를 얻는다. 나는 아직 유언장을 쓰지 않았다. 오래 살아야 한다.

다합 인근 바닷가에서
스쿠버 다이빙 교육이 이루어지고 있다

1 다합 해안가는 개와 고양이들의 휴식처이다
2 이른 아침 해안가 카페는 전날 밤과 사뭇 다른 분위기이다

2

다이버 강사라고
물속이 무섭지 않을까

줄리아

    수심 15m에서 양변기에 앉은 자세로 나를 마주 보며 이끄는 그녀의 입술은 하얗게 질려 가고 있었다. 하지만 마스크 속 두 눈은 강렬했고 내게 한시도 눈을 떼지 않으면서 수신호를 보냈다. 입수 전 그녀가 말했다.

    "조금이라도 문제가 있으면 물 밖으로 바로 나올 수 있어요. 오픈워터는 최대 수심이 18m밖에 되지 않거든요. 정말로 문제가 생기면 급상승해도 죽지 않을 깊이라는 거죠. 하지만 나오고 나오지 않고는 정신력의 문제라고 생각해요. 강사라고 해서 물속이 두렵지 않은 것은 아니거든요. 견디는 거죠. 자꾸 올라오는 버릇하면 수심 30~40m에서는 어떻게 하죠?"

    그녀는 조나단의 아내 줄리아였다. 그녀도 강사다. 장비 교육을 받을 때 너무나 똑 떨어지는 설명에 살을 베이는 듯한 날카로움이 느껴졌다. 조금이라도 실수하면 용서하지 않을 것 같아서 자연스럽게 심리적인 거리를 두고 있었다.

체형 또한 군살 없이 팔다리가 긴 미인이었다. 체형을 굳이 언급하는 것은 체온과 관련이 있어서다. 물속에서는 지상에서보다 열손실이 20~30배 빠르다. 지방이 없는 그녀의 체온은 나보다 열손실이 커서 입술이 하얗다 못해 시퍼렇게 변해 가는 것이 눈으로도 확인되었다. 10년 이상 관록 있는 프로도 매번 다이빙할 때마다 긴장한다는 것.

징징거릴 필요는 없었다. 나는 그녀의 눈을 방향지표 삼아 따라갔다. 다른 곳을 볼 여력도 없었다. 물속의 깊은 어두움은 내게 그동안 숨겨졌던 공포를 드러냈다.

관념적인 물공포증

그 무서움이라는 것이 구체적이지 않다는 것이 기이하다. 학기 초마다 학생들의 글쓰기 수준을 파악하기 위해 진단평가를 실시한다. '생애에서 가장 기억에 남는 일'을 글감으로 주곤 하는데 학생들 중에서도 의외로 물공포증이 많았다. 물놀이를 갔을 때 바나나 보트가 뒤집어졌다거나 같이 간 어른이 심하게 장난을 쳤다거나 해서 얻게 되는 그런 구체적인 것들.

나에게는 물과 함께한 공포의 추억이 있다. 어렸을 때는 팬티만 걸치고 동네 아이들끼리 시냇가에서 물놀이를 하곤 했다. 엄마가 들려준 물귀신 이야기도 생생하다. 가지처럼 보랏빛 얼굴을 하고는 물에서 노는 아이들의 다리를 잡아당기고는 놔주지 않는다고 했다. 물귀신에게 다리를 잡힌 아이는 물속에서 꿈쩍도 못하고 물속으로 빨려 들어갔다.

10년 전에는 발을 헛디뎌 사찰 호수에 빠진 적이 있다. 급히 나오긴

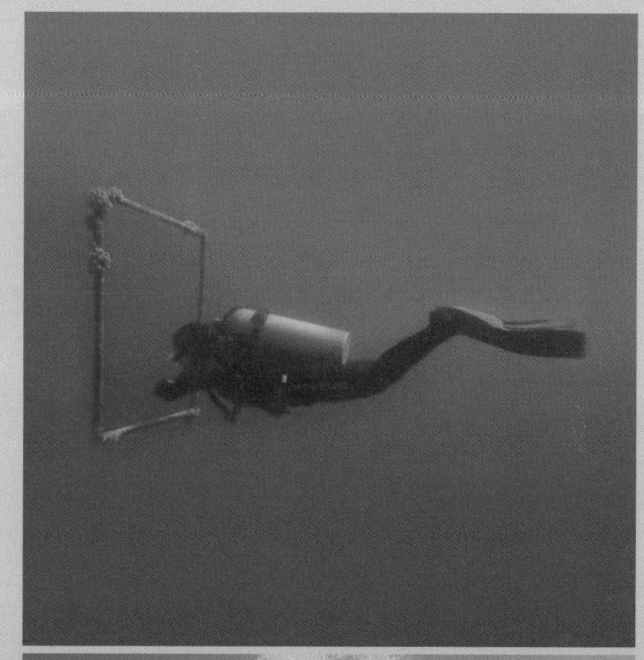

했지만 그 몇 초간의 파노라마처럼 흘러가던 내 인생과 물 밖으로 나왔을 때 구경하던 사람들의 호기심 어린 얼굴 표정을 결코 잊을 수 없다. 사찰 사건 전부터 나는 저수지 주위로 아침 운동을 갈 때면 물가로 가지 않으려고 부단히 노력했다. 신춘문예 등단작을 쓰기 위해 장례식장을 취재한 적도 있었다. 그때 익사한 사체를 처음 봤다. 통통 부어오른 보랏빛이었다.

어떤, 아주, 끔찍한 물과 관련된 트라우마가 있어서 아예 머릿속에서 삭제해버린 것이 아닐까, 라고 돌려 생각해 보기도 했다.

내가 물속이 궁금해진 것은 2019년 여름부터였다. 그때 나는 요르단에서 와디무집Wadi Al Mujib에 있는 계곡 타기에 도전했다. 다른 사람들은 여행 온 사람들끼리 서로 협동하며 도전을 했지만 '홀로 여행객'인 나는 혹시 앞으로 닥칠 위험한 일을 대비해서 로컬가이드를 고용했다. 로컬가이드와 물살을 헤치며 목적지 Siq Trail까지 올라갔을 때 그가 내게 수경을 건넸다. 결코 쉬운 코스는 아니었다. 하지만 하이킹을 시작한 뒤로 내게 근력과 담력이 붙어 해볼 만했다. 폭포 아래라 하얀 포말이 비누거품처럼 일고 있었다. 수경을 받아 들긴 했지만 물속이 보일까 싶었다. 수경 너머로 보이는 물속은 의외로 잔잔했고 반질반질 돌멩이 위로 물고기들이 유영하고 있었다.

귀국하자마자 수영 강습을 신청했다. 호흡법, 발차기 등 하루도 빠지지 않고 수영장에 다녔다. 물과 친해지기 위해서는 접근이 쉬운 집 근처 체육관 수영장이 적당했다. 스쿠버 다이빙을 염두에 둔 일이기도 했지만 스쿠버 다이빙을 할 때 굳이 수영 실력과 상관없다는 말을 이미 들은 뒤였다.

다합으로 떠나기 전 3개월 동안 수영을 배웠다. 자유형, 배영, 평영을 그런 대로 할 수 있었다. 하지만 아침 일찍 수영장으로 갈 때면 가슴이 답답했다. 물속에 머리를 집어넣는 것 자체가 두려웠다. 두려움은 가슴 압박으로 이어졌다. 소독한 물을 꿀꺽꿀꺽 삼켰지만 티를 내지 않으려고 애썼다. 견디면 극복되리라 여겼다.

견디면 모든 것이 극복되리라?

줄리아 눈을 보며 따라가는 나는 가슴이 두근거리면서 답답했다. 여전히 코로 숨을 쉬었다. 코로 숨을 쉬면 마스크 안으로 물이 들어왔다. 인위적으로라도 입으로만 호흡해야 했다. 코를 움켜잡았다. 그녀는 괜찮다며 고개를 끄덕였다.

'그래, 나도 할 수 있어. 그까짓 것 뭐!'

용기가 생겼다. 어제 실패했던 5m, 10m, 12m를 그녀와 함께 성공적으로 끝냈다. 입수했던 장소로 되돌아왔을 때 바로 출수하지 않았다. 그녀가 물 바닥에 나를 앉히더니 잡았던 코를 놓게 했다. 입으로 호흡하는 방법을 다시 가르쳐주었다.

모든 교육을 마치고 호흡기를 뺐을 때였다. 호흡기 안쪽에 피가 묻어 있었다. 얼마나 꽉! 깨물었는지 잇몸에서 피가 나왔던 것이다.

30분 휴식하고 다시 입수했을 때는 10m에 설치된 수중 사각 틀 네 개를 통과해야 했다. 인플레이터를 사용하지 않고 호흡만으로 중성부력을 유지해야 했다. 등에 짊어진 공기통이 사각 틀에 걸리지 않게 하기 위해서는 바닥과 너무 떨어져도 안 되었다. 난코스라면 난코스였다. 그녀는 내 위에서 나를 지켜보며 높게 뜨면 눌러주고 낮으면 레귤레이터 제1단계를 잡아서 올려준다고 했다.

아무 도움 없이 통과했다. 아, 이렇게 해낼 수 있는 것을. 다이빙 두 번 무사히 마치고 장비 세척을 끝낸 뒤 수영복 위에 수건만 걸

인터넷이 잘 터진다는 Mojo Cowork Cafe 2층에서 바라본 풍경.
베두인 복장 택시운전사(하얀 트럭이 택시다)와 슈트입은 다이버들.
대조되는 풍경을 종종 접할 수 있는 곳이 다합이다

오픈워터부터 다이브 마스터까지 교육을 받았던 장소인
Octopus World Dahab Dive Center

치고 숙소로 향했다. 다른 중동과 달리 다합 라이트하우스 거리는 비키니를 입고 활보가 가능하다. 독일과 러시아 사람들이 현지인만큼이나 살고 있다. 여행객도 많다. 나는 다이빙 센터보다 숙소에서 샤워하는 것이 더 편했다.

그 짧은 거리를 걷는 동안 자부심에 발걸음이 날아갈 듯 가벼웠고 미소가 절로 퍼졌다. 인터넷이 잘 터진다는 2층 Mojo 카페에서 오픈워터 이론시험을 마무리하고는 길거리를 내려다봤다. 베두인 택시 호객꾼과 행인들, 다이버들이 지나갔다. 전날은 이런 풍경이 눈에 들어오지 않았는데. 칭찬받은 오늘은 모든 것에서 너그러워져 있었다.

뭐랄까, 물속에서 끊임없는 수신호와 주의로 나를 지켜주는 줄리아는, 그녀의 눈빛은, 피조물에게 호흡을 불어넣어주는 조물주의 눈빛이랄까. 너무 거창한 비유라면, 그렇다면 아기에게 숨을 불어넣어주는 어머니의 눈빛이라고 할까.

그녀는 내게 미지의 세계로 가는 문을 열어주었다. 미지의 세계를 좀 더 잘 보기 위해서는 혹독한 대가를 지불해야 했지만 나는 무사한 다이빙에 마냥 행복해했다. 나는 점점 단순해져 가고 있었다.

Octopus World Dahab Dive Center
뒤뜰에 늘 있던 자전거.
거의 두 달이 지나서야 저 자전거 주인이
가이드 Kamal 거라는 것을 알았다

3

요즘 핫한 이집트 다합,
세계에서 제일 싼 '이것'

다합

다합Dahab은 이집트 시나이반도 남동쪽에 위치한 작은 도시이다. 예전에는 베두인들의 어촌이었다. 해안이 금빛 모래로 덮여 있어서 아랍어로 황금빛인 '다합'이 어촌 이름이 되었다.

카이로에서 다합으로 가는 방법은 두 가지이다. 버스를 타는 것이 가장 저렴하다. 최소 여섯 군데 이상 검문소를 거쳐야 하기 때문에 평균 10시간 정도는 걸린다. 카이로 국제공항에서 비행기를 탈 수도 있다. 샴 엘 쉐이크Sharm el-Sheikh까지 1시간 비행하고 그곳에서 택시를 타고 북동쪽으로 80km 정도 달리면 된다.

버스를 타든 비행기나 택시를 이용하든, 메마른 사막과 산을 차창 너머로 마주해야 한다. 처음에 나는 낯선 풍경에 환호성을 터트렸지만 끝없이 이어지는 그 메마름에 갈증이 일었다.

스쿠버 다이빙을 한 뒤로 알게 되었다. 산이 메마른 이유는 바다의 수려함 때문이라고. 수질이 깨끗해서 시야가 넓을 뿐만 아니라 다이빙 포인트에 따라서 다양한 산호초 종류와 그 형상을 볼 수 있다.

단아하면서도 화려하다.

바닷속 모래는 새하얘서 푸른 물속에서도 운동장처럼 눈에 들어온다. 모래 알갱이는 손바닥에서 스르르 빠져나갈 정도로 곱다. 가이드에 따라서 핀을 벗게 하고는 술래잡기 놀이를 시키기도 한다.

현재 다합은 스쿠버 다이빙이 특화된 관광지가 되었다. 작은 어촌 도시에 무려 50개가 넘는 다이빙 센터가 있다. 스킨스쿠버 다이빙뿐만 아니라 윈드서핑 등 아쿠아 스포츠를 즐기기에 적합하다.

하늘이 내려준 지형

내가 다니는 다이빙 센터와 숙소는 남쪽 다합 시가지Dahab Downtown인 라이트하우스에 있다.

라이트하우스Lighthouse는 아치형 만을 따라 형성된 지역 이름이다. 아치형 만은 천연 방파제 역할을 한다. 거의 1년 내내 파도가 잔잔하다.

물속에 들어가서 열 걸음만 걸어가면 5m 수심 모래 경사면이 나온다. 그리고 10m, 20m…로 이어진다. 거의 모든 포인트가 비치 다이빙이다. 걸어서 입수가 가능하다는 말이다. 수심 포인트마다 형상물을 세워 두고 위치를 확인시킨다. 아름다운 산호초 군락도 볼 수 있다. 겨울에도 기온이 섭씨 20도 이상이라 5mm 두께의 웨트슈트만 입고도 잠수가 가능하다. 차로 20~30분 이동하면 블루 홀 등 유명 포인트가 여러 군데 있다.

자격증은 스킬 숙지와 다이빙 횟수와 관련이 있다. 기술 또한 물속에서 이루어지니 다이빙 횟수가 먼저라고 할 수 있겠다. 다이빙 횟수를 나타내는 단위로 '~깡'이라고 하는데 '깡 수가 깡패다'라는 말처럼

깡 수가 늘수록 실력은 향상된다. 좋은 입수 조건과 포근한 날씨는 마음만 먹으면 하루에 4깡도 가능하게 한다.

다합에서는 약간의 시간과 체력이 뒷받침된다면 충분히 원하는 자격증 취득이 가능하다. 세계에서 스쿠버 다이빙 교육비와 물가가 제일 싸다. 이곳에 다이빙을 하려는 사람들이 몰리는 이유이다. 사람이 몰리는 다합은 그 영역을 넓혀가고 있다.

다합에서의 일상

나는 코란Koran 독경 소리가 들리면 눈을 뜬다. 시계를 보면 어김없이 아침 5시이다. 침대에 누워서 메모를 하거나 책을 읽다가 아침 6시가 지나면 밖으로 나간다.

내가 묵고 있는 사바바Sababa 호텔에서 나와 수평선을 향해 숨을 들이키고는 아침마다 오른쪽으로 2km를 달려서 되돌아온다. 달릴수록 상가가 줄어들면서 한적한 해안이 펼쳐지고 근사한 풀장 딸린 호텔이 나온다. 그리고는 공사 현장이다.

우연찮게 공사 현장에 대해서 줄리아와 이야기를 한 적이 있다. 그녀가 부동산 사정에 대해 말해주었다.

"바닷가를 끼고 있는 좀 괜찮은 2층 건물이 지금 한국 돈으로 8천만 원 정도 해요. 하지만 이곳을 관광특별지역으로 지정해 놓아서 어떤 부동산 거래도 할 수가 없어요. 명의 이전도 안 되고. 매물도 없을 뿐만 아니라 계속해서 오르고 있어서 만약 거래가 풀리면 부동산 가격이 천정부지로 치솟을 거예요."

그날 밤에는 왼쪽 해안을 따라 걸어 봤다. 더욱 고급스러운 호텔이 자리하고 있었다. 이슬이 내려앉은 비치의자에 앉아 끊임없이 밀려왔다 부서지는 파도 소리를 들으면서 하늘에 박혀 있는 별자리를 찾았다. 별들이 쏟아질 듯이 가까이 있었고 바다 건너에는 불빛 환한 건물이 물결에 출렁이고 있었다. 그곳은 사우디아라비아였다.

일출은 사우디아리바아 쪽에서 늘 시작된다. 그곳 수평선에 해가 떠오르기 시작하면 나는 달리기를 멈추고 해가 완전히 공중에 걸릴 때까지 심호흡을 한다.

되돌아오는 길에 24시간 문을 여는 슈퍼에서 물과 우유 등을 사 온다. 호텔로 돌아와서 커피포트에 하얀 달걀 다섯 개를 삶고 식빵에 꿀을 발라 먹는다. 열어놓은 창문으로 바닷가에서 뒤챘던 햇살이 들어온다.

햇살은 눈부시다. 거리로 나서면 비키니 입은 여행객들이 아침부터 비치 의자를 차지하곤 한다. 오늘은 노부부가 선탠을 하고 있다. 다들 까맣게 타 있다. 나만 하얗다. 야자수 나무에 빨간 옷 입은 산타클로스가 우스꽝스럽게 세워져 있다. 며칠 전부터 숙소 직원 부디Buddy가 산타클로스를 만들고 있었다. 그가 드디어 완성시킨 것이다.

빈 식당 소파에는 고양이들이 아침 햇살에 나른하게 자고 있다. 거리에는 개들이 아무렇게나 누워 있지만 영혼만은 누구보다 더 자유로울 그들. 이곳에서는 개들과 사람을 차별하지 않는다.

저녁 11시까지 영업하고도 아침 8시에 문을 열고 장사하는 상점들. 손님이 없을 때면 밖으로 나와 지나가는 여행객에게 호객행위를 한다. 누구에게나 친절할 수밖에 없는 거리의 생존. 거리에는 원주민과 관광객들로 북새통을 이루고 다국적 언어들이 난무한다.

며칠 전 기념품 가게 직원 모모와 시샤Shisha, 이집트 물담배를 나눠 피우다가 스쿠버 다이빙 이야기를 했다. 그는 아주 쉽다고 그냥 '릴랙스relax'만 하면 된다고 했다. 그는 프리다이빙을 더 좋아한다고 했다.

인적 드문 바닷가 파벽에 그려진 그림 1
파도와 일출. 수평선 너머가 사우디아라비아이다 2

나는 그것이 당연하게 생각되었다. 그는 바다와 함께 자랐으니 바다를 떠나서는 살 수 없을 것이다. 바다에서 태어난 것처럼 말이다. 하지만 나는 산에서 나고 자랐다. 그와 같을 수는 없었다.

제법 차가운 바람이 분다. 선탠하는 노부부가 가방에서 비치타월을 꺼내 덮는다. 나도 팔에 걸었던 비치타월을 목에 두른다.

다이빙 센터로 가는 길은 몸이 먼저 알고 긴장한다. 그 짧은 거리를 걸으면서도 물속에서 불편했던 일들이 파노라마처럼 지나간다. 오늘도 무사히, 라는 기도가 절로 나온다. 그러다가 아직 일어나지 않은 일이니 미리 걱정할 필요가 없다고 나를 또 다독인다.

4

스쿠버 다이빙,
교육이 끝나 간다는 게 두려웠다

점점 편해지는 물속

조나단이 아니라 줄리아의 학생이 되었다. 전날 내가 부탁을 했다. 물속에서 자신감을 찾을 때까지 선생님이 저를 담당해줬으면 좋겠다고. 그녀는 날카로우면서도 부드러웠고 섬세했다. 그녀와 함께 다이빙 횟수를 늘렸다. 웨이트는 9kg에서 7kg까지 줄였다.

지금 착용하는 웨이트가 적정한지 그렇지 않은지, 확인하는 방법이 있다. 장비를 착용하고 수면에 서서 BCD 공기를 뺀 뒤 숨을 참는다. 몸이 오르락내리락하면서 멈출 때가 있다. 그때 눈높이와 수면이 같으면 적정 무게이다. 몸이 가라앉으면 오버웨이트이다. 코나 입이 수면 위로 올라오면 웨이트를 늘려야 한다.

일반적으로 몸무게의 10%가 적정 웨이트이다. 하지만 오버웨이트를 하고도 교육생들은 의외로 '붕붕' 잘 뜬다. 웨이트를 제외한 모든 장비에 부력이 있기 때문이다. 웨이트가 줄어든다는 것은 호흡으로 부력을 조절할 수 있다는 뜻이다. 덩달아 공기 소모량도 적어진다.

그녀와는 물속에서 계속 기술을 익혀 갔다. 보조호흡기로 공기

공기를 나눠 사용하는 방법, 호흡만으로 중성부력을 맞추는 호버링 Hovering 연습 등. 어드밴스 과정까지 자연스럽게 이어졌다. 오픈워터기초가 물속 적응이라면 어드밴스기초심화는 호버링과 같은 섬세한 중성부력을 익히는, 기술적인 측면에 더 중점을 둔다.

그녀의 세심한 손길은 변함이 없다. 핀 상태, 웨이트, BCD 등. 뭔가 흐트러지면 움직여서 제자리로 돌려주었다. 호버링을 시도할 때 내 몸이 자꾸 뒤로 기울여졌다. 공기 벨트에 1kg을 달아서 무게 중심이 뒤쪽에 있었다. 그녀가 웨이트를 앞쪽으로 옮겨주어 균형을 맞추게 했다. 오른쪽 핀 벨트가 풀려서 발차기가 자꾸 엇나간 적이 있었다. 그녀가 먼저 발견하고는 조여주었다.

다이빙 횟수가 더해질수록 입으로 '어느 정도' 편하게 숨을 쉴 수가 있었다. 코를 잡지 않아도 되었다.

어제도 오늘도 내일도 다이빙을 하고 또 할 것이지만 매번 '지금'은 달랐다. 출수하면 벌써 다이빙이 끝났느냐고 되묻곤 했다. 그래 봐야 고작 22분 정도였다. 어드밴스 마지막 과정으로 딥과 내비게이션 다이빙만을 남겨 두었을 때는 홀가분함보다는 걱정이 앞섰다. 교육이 끝나 간다는 것이 두려웠다.

다이브 마스터 또는 마스터스쿠버 다이버?

한국에서 이곳으로 올 때는 다이브 마스터DM가 될 계획이었다. 막연하게 다이빙을 잘하고 싶어서 결정했다. 두 달 정도 훈련하면 마칠 수 있다고 해서 그만큼 여유를 가지고 항공권을 구입했다.

막상 상담하고 보니 내가 알던 것과는 달랐다. 순수하게 교육만 받는 것이 아니었다. 오전 9시부터 오후 4시나 5시까지 센터에 있어야 한다. 교육생들 교육 보조, 고객 관리, 뒷정리 및 이론 공부 등. 교육생들이 다이빙을 하러 가면 따라가서 거들어야 한다. 그러다 보면 정말 익히려고 하는 '스페셜티'를 놓칠 수도 있겠지 싶었다.

트레이닝이기 때문에 강사와 밀접한 관계를 맺어야 한다 마스터다이버 자격증은 협회에 소속된 강사가 교육과 자격 인증에 대한 주요 권한을 갖는다. 조나단과 줄리아가 이에 해당된다. 나는 망설였다. 내가 제일 힘든 것은 '관계'였다.

다이브 마스터 외에 마스터스쿠버 다이버가 되는 길도 있었다. 마스터스쿠버 다이버MSD는 아마추어 다이버가 오를 수 있는 최고의 자리이다. 이것 또한 레스큐구조와 스페셜티심도 있게 다이빙 기술을 습득하는 것 5개는 기본적으로 있어야 한다. 레크리에이션 다이버이기 때문에 전문적인 다이버가 되는 DM과 달리 지도자Instructor 과정으로 이어지지는 않는다.

고민 끝에 마스터스쿠버 다이버 다음에 다이브 마스터를 시도해도 괜찮겠지 싶었다. 당장 DM 자격증이 필요하지는 않았다. 조금은 즐기면서, 스페셜티 다이빙 맛도 보면서, 속도보다는 내실을 다지고 싶었다.

어드밴스 과정을 모두 마치고

다음 날 나는 마지막 어드밴스 교육 다이빙을 했다.

30m 수심 바닥에 앉아 숫자 15 합하기 게임을 했다. 줄리아가 손가락으로 7을 만들면 내가 8을 채워서 합을 15로 맞추면 된다.

15 합하기 게임은 긴장을 풀기 위한 오락이면서 일종의 상태 체크다. 이날 딥 다이빙 최고 수심은 35.2m였다. 수심 30m부터 질소마취

중동 여인. 아침 조깅할 때 보던 벽화 중 하나

증상이 올 수 있다. 질소마취는 술이 취한 듯 몽롱해지거나 급격하게 불안해서 판단과 행동이 정확하지 않은 상태를 말한다. 심하면 마스크나 호흡기를 떼어버리는 경우도 있다고 한다.

나는 우려한 것과 달리 증상이 전혀 없었고 지상에서 연습 게임할 때는 틀린 숫자를 제시하곤 했는데 물속에서는 승부욕에 불타 눈을 커다랗게 뜨고는 아주 명료하게 대처하더라는 줄리아 뒷담. 줄리아가 두 번 져서 내가 꿀밤을 두 번 다 때렸다. 그다음 내비게이션 다이빙도 무사히 마쳐서 어드밴스 과정을 수료했다.

나는 줄리아와 상담을 했다. 전날 고민했던 것을 말하기 전에 어드밴스 끝난 뒤 적절한 교육 단계가 레스큐일 것 같아서 그것부터 물었다. 교육을 계속 받고 싶었다.

"레스큐 자격증을 따려면 일단 다이빙 횟수가 기본적으로 40깡은 되어야 해요. 지금 어드밴스 끝나면 9깡인데, 솔직히 자기 몸도 제대로 돌보지 못하는데 누굴 구하겠어요?"

그렇다. 아무나에게 구조를 맡길 수는 없겠지. 깡 수를 채우려면 펀 다이빙을 다녀야 했다.

펀 다이빙은 교육이 아니다. 4명 이상 모였을 때 현지인 가이드를 따라 좋은 포인트에서 다이빙하는 것이다. 각자 버디파트너가 있지만 실력이 천차만별이다. 무엇보다 줄리아처럼 세심하게 챙겨줄 버디를 만나기는 힘들 것이다. 모두들 평등하게 다이빙을 즐기기 때문이다.

이제부터 정말 홀로서기를 해야 한단 말인가. 나는 전날 결정했던 것을 솔직하게 털어놓았다.

줄리아가 말했다. "이왕 할 것 DMT 과정을 밟는 것이 어때요? 교육생 챙기고 따라다니는 것이 조금 재미없지만 실력은 금방 늘어요. 하루에 3깡도 가능해서 금방 깡 수 채우기도 좋고요. 비용도 결과적으로 적게 든다고 봐야 해요.^{비용은 조금씩 차이가 있기 때문에 밝히지 않을 예정이다.} 펀 다이빙이 공짜거든요. 충분히 하실 수 있을 것 같은데요? 그동안 잘해 왔으니까."

뭐랄까, 나는 그동안 줄리아와 일체감을 형성했다. 분리불안을 느끼고 있었다. 더 성장하기 위해서는 어머니의 세계에서 아버지의 세계로 이행해야 하는데 거세 불안에 떨고 있었다. 혹시나 '실력 없음'으로 '민폐'를 끼치면 어떻게 하지, 라는 '용기 없음'도 나를 망설이게 했다.

또 고민에 빠졌다. 너무 많은 경우의 수를 두면 머리만 복잡해질 거였다. 생각을 단순화했다. 결정은 내 몫이었다. 조나단에게 문자를 보냈다.

'DMT 과정을 밟겠어요. 빠르면 빠를수록 좋겠죠? 내일부터 시작할 수 있나요?'

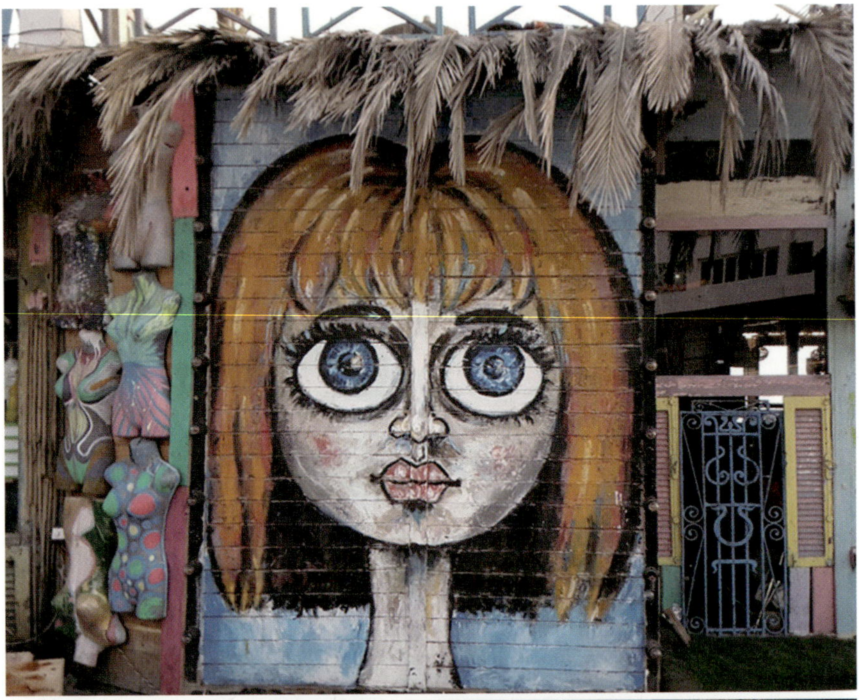

TATT
حرب وسلام
war and peace
وماله
ياخويا
مش عيب
نام الأسد
قليلاً
فظن الخرفان
أنهم ملوك الغابه
ahmed
zaki
مستنى حد يا سليم
الكلمة أحياناً
تكون أقوى من
الرصاص
أجبلكوا
منين

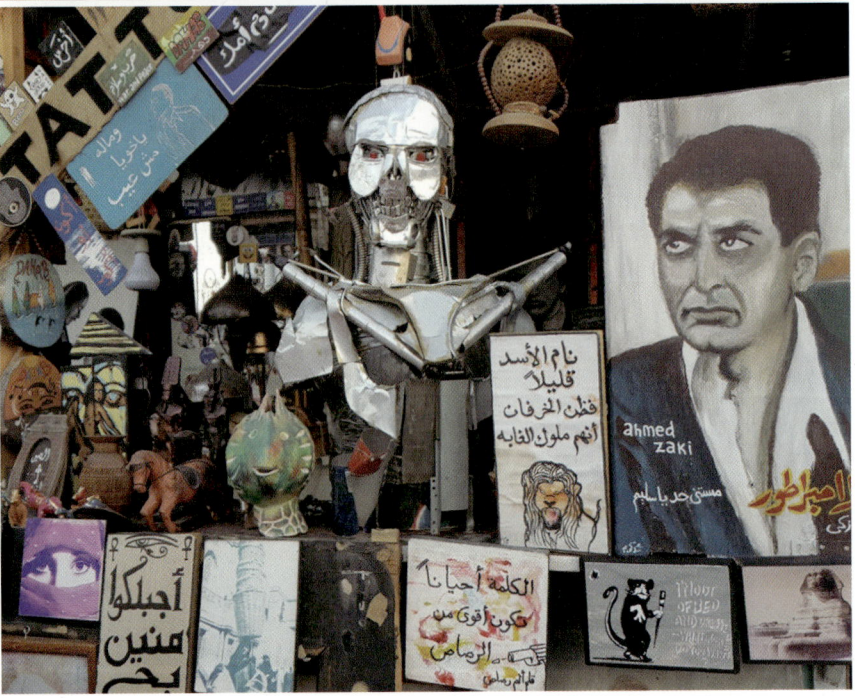

카페가 있는 다합 바닷가에서는
개들과 물장난하는 모습을 종종 볼 수 있다

5

다이브 마스터(DM)가 되기 위한 11가지 테스트

다이브 마스터(DM)가 되기 위한 11가지 테스트 목록

어드밴스 교육까지 나는 조나단과 줄리아의 손님이었다. 다이브 마스터 트레이닝DMT은 달랐다. 교육비를 내고도 직원이 되어야 했다. 아니, 도제식 교육 훈련생이랄까. 모든 것을 알고 훈련에 임한다고 했지만 막상 이론과 실전이 다르듯 몇 번이나 때려치우고 싶을 정도로 안팎이 고된 훈련이기도 했다.

늘 나를 어렵게 하는 것은 사람과의 관계였다. 다행하게도 치러야 할 시험은 크게 문제되지 않았다. 그렇다고 쉬웠다는 말이 아니다. 만만치 않은 시험이 나를 기겁하게 했지만 배짱부릴 여유는 있었다. 시험 때문에 스트레스가 쌓이면 이렇게 중얼거렸다.

'음, 나는 최선을 다하고 있어. 얼마나 더 하라고?'

훈련을 받을 때는 어떤 테스트를 통과해야 하는지 구체적으로 알지 못했다. 다이빙이 서툴러 기술을 익히는 데 급급했을 수도 있지만 조나단은 말수가 적었다. 며칠 남겨 두고야 부랴부랴 준비를 했고 턱걸이로 간신히 통과하기도 했다.

결과적으로는 그 방법이 좋았는지도 모르겠다. 처음부터 시험 항목을 모두 알았다면 지레 겁을 먹고 도망갔을 것이다. 시험을 다 통과한 지금에서야 제대로 정리해서 적어 본다.

1. 레스큐구조와 EPR심폐소생술 자격증을 취득해야 한다: 40~50깡 이상일 때 응시할 수 있다다이빙 횟수를 나타내는 단위로 '~깡'이라고 한다.
2. 수중 스킬 24가지를 할 수 있어야 한다: 오픈 워터와 어드밴스 교육생들에게 가르치는 모든 기술 외의 몇 가지가 더 있다.
3. 생존 수영을 해야 한다: 바다에서 400m를 10분 안에 들어와야 한다. 수영복과 수경 착용 가능하다. 멈추면 탈락이다. 어떤 영법이라도 상관없다.
4. 스노클링snorkelling에 핀을 착용하여 수영을 해야 한다: 800m를 17분 안에 들어와야 한다. 손은 사용할 수 없다.
5. 손을 물 밖으로 내서 15분 동안 서서 떠 있어야 한다: 하지만 이것을 연습했는데 PADI에서만 시험을 본다고 했다.
6. 다이브 마스터 매뉴얼 교재를 읽고 이론 시험을 봐야 한다: 130문항. 80점 이상 취득해야 한다.
7. 펀 다이빙 포인트 두 군데를 가이딩할 수 있어야 한다: 입수와 출수 지점을 정확히 알아야 한다.
8. 다이빙 포인트 두 군데 물속 지도를 그려야 한다.
9. 8가지 장비 브리핑을 할 수 있어야 한다.
10. 3개 이상 스페셜티를 취득해야 한다PADI는 5개 이상.
11. 의료 진술서를 제출해야 한다: 1년 이내의 의사 서명이 있어야 한다.

이 시험은 SDIScuba Diving International일 때이다. PADI Professional Association of Diving Instructors는 몇 가지 시험이 더 있다. 좀 더 까다롭고 교육비도 비싸다.

SDI와 PADI의 차이점

내가 제일 처음 조나단에게 질문했던 것은 SDI와 PADI의 차이점이다. 교육비가 달랐다. 돈을 더 지불하더라도 이왕 고생할 것, 인정받는 다이빙 단체의 자격증을 따는 것이 좋겠다 싶었다. 그는 어떤 거라도 상관없다고 했다.

세계에는 수많은 다이빙 단체가 있다. 이들 단체 이름은 일종의 브랜드이다. 브랜드 가치를 높이기 위해서 공신력 있는 인증기관에 가입하여 꾸준히 투자교육를 한다. 현재 세계에서 제일 인정받고 있는 단체는 SDI와 PADI이다.

PADI1966년에 비해 SDI1998년의 역사는 짧다. 짧지만 가장 진보적인 교육을 이끈다. 모든 교육 단계에 개인용 다이브 컴퓨터 사용, 최연소 및 솔로Solo 다이브 훈련 시도, E-Learing 등 적극적으로 교육에 컴퓨터를 활용한다. 가장 실용적이고 필수적인 훈련만 시킴으로써 좀 더 많은 사람들을 스쿠버 다이빙 세계로 인도하려는 시도로 보인다. 이 모든 것을 염두에 두고도 나는 '어떤 단체'보다는 '어떤 훌륭한 강사'를 만나느냐가 중요하다고 생각한다.

두 군데 다 사립단체이며 미국에 본사가 있다. 유럽에 있는 국립 다이빙 단체인 CMAS가 있지만 거의 투자를 하지 않아 명성만 남아 있다. 설립자가 스쿠버 장비를 최초로 고안한, 세계 최초 스쿠버 다이빙 단체이다.

하지만 좀 더 실감 나게 다가오는 것은 다이빙 한계 수심이다.

모든 다이버들은 펀 다이빙을 갈 때 자격증을 제시해야 한다. 두 단체 다 오픈워터 자격증만 취득한 다이버에게는 18m를 한계 수심으로 정해 놓았다. 수심 제약을 받는다. 어드밴스까지 취득했을 때 SDI와 PADI는 수심 차이가 있다. 30m인 PADI와 달리 SDI는

40m까지 가능하다. PADI가 40m까지 내려가려면 딥 다이빙 스페셜티가 있어야 한다. SDI 자매기관인 테크니컬 다이빙TDI은 100m까지 다이빙을 할 수 있다.

두 단체는 연계crossover가 가능하다. 예를 들면 SDI에서 오픈워터 과정을 밟았어도 PADI에서 어드밴스 자격증 취득에 연이어 도전할 수 있다. 어떤 곳에서 자격증을 취득하든 상관없다는 것이다. 스쿠버 단체에서 발행한 자격증을 두고 자격증이냐 인증서Certificate이냐 하는 논란이 있다. 이곳에서는 자격증으로 통일한다.

함께 DMT 과정을 밟았던 '규'는 SDI에서 오픈워터와 어드밴스 자격증을 따고는 다이브 마스터는 PADI로 신청했다. 그녀는 학교 졸업 후 호주로 워킹홀리데이를 갈 예정이다. 그곳 다이빙 센터에서 1년 동안 일할 계획이라, 미국에 본사가 있지만 한국을 포함한 아시아 퍼시픽 지역을 담당하는 오피스가 호주에 있는 PADI가 유리할 거라는 계산에서다.

다이브 마스터 과정을 신청한 나는 심리적인 안정 장치가 필요했다. 스쿠버 다이빙을 하면서 사고가 난다면 보상해줄 어떤 보험 상품도 없었다. 모든 생명보험과 손해보험은 수중에서 면책 기능을 가진다. 여행자 보험도 마찬가지이다. 근래에 보험사 몇 군데에서 수중 스포츠 보험을 출시했지만 개인이 가입하기에는 일정도 짧고 비쌌다.

SDI 기관을 통한 DMT 이수 교육생에 한한 보험이 있었다. 1년에 129$, 다이브 어슈어Dive Assure.

훈련 준비 완료

다이브 마스터 훈련생이 된 뒤로 일상도 변했다.

아침 6시가 조금 지나면 호텔에서 오른쪽으로 2km를 달렸다가 되돌아오는 것은 여느 때와 다름없었다. 다이빙 가방은 더욱 꼼꼼하게 쌌다. 다이빙을 하고 나면 그다음 다이빙 시간까지 젖은 슈트를 입고 있어야 한다. 기온은 주로 섭씨 20~21도. 한국의 늦가을 날씨다. 해가 날 때는 양지바른 곳을 찾아 병아리처럼 움직여서 추위를 쫓을 수 있다. 흐린 날은 그야말로 곤욕이다. 감기에 걸리지 않기 위해서는 따뜻한 음료와 옷, 수건은 기본이다. 호흡기를 물고 숨을 쉬기 때문에 감기에 걸리면 다이빙을 할 수가 없다.

다른 때보다 40분 일찍 옥토퍼스 다이브 센터로 출근했다. 센터 앞바다에서 수영 연습을 하기 위해서이다. 3개월 동안 수영을 배웠지만 400m는 한 번도 시도해 본 적이 없다. 수영장 레인 25m도 간신히 도착하곤 했다. 아무리 어려운 목표라도 매일 반복 연습을 꾸준히 한다면 이루어진다는 강한 신념이 내게 있다.

첫날, 신념대로 수영복을 입고 앞바다로 들어갔다. 아무리 한국의 늦가을 날씨 같아도 다합은 겨울이다. 심장을 서늘하게 했다. 투정 부릴 수는 없었다. 몇몇 여행객이 이미 아침 수영을 즐기고 있다. 온몸을 물속에 담갔다. 낮은 곳에서 '깔짝깔짝' 물장구치면서 몸까지 풀었다.

몸에 온기가 돌아오자 수영장에서 자유형 하듯 앞으로 나아갔다. 고작해야 가슴 높이 수심이었다. 고개를 들어서 호흡을 하려고 하면 물이 입속으로 들어왔다. 새삼스레 바닷물이 짜다는 것을 처음 안 사람처럼 당황했다. 정말로 짰다! 자유형을 더 이상 할 수가 없었다. 몸을 뒤집었다. 배영도 오래 할 수가 없었다. 정수리에 눈이 없다. 시퍼런 먼 바다 쪽으로 방향을 잡을 것 같았다.

첫날이니, 이 정도면 됐다 싶다. 종아리까지 물이 닿는 곳으로 나와서 25m 수심에 떠 있는 부표를 봤다. 부표는 잔잔한 물결에 한시도 쉬지 않고 몸을 흔들어 댔다. 나를 잡아 보라고, 유혹하고 있었다. 호기로라도 그곳까지 가고 싶지는 않았다. 보랏빛 물귀신이 내 발목을 잡아챌 것 같았다.

수영 연습이라기보다는 짠물만 잔뜩 마시고 센터로 부리나케 갔다. 마침 출근한 줄리아가 나를 향해 말했다.

"당분간, 다른 것 생각하지 마시고 펀 다이빙 따라다니세요. 깡 수 늘린다고 생각하시고요."

이제 드디어 올 것이 온 것이다. 내가 혼자 '나'를 책임져야 할 때가 말이다.

다합의 길거리 아이.
카페에 앉아 있으면 손으로 만든 팔찌 등을 팔았다

다합의 밤거리.
미키마우스를 아주 힘들게 세우는 것을 봤다.
웃음이 많은 그들이다

Sababa Cafe. Sababa 호텔 앞에 있는 카페.
가끔 아침 식사를 하곤 했다

한 달 묵었던 Sababa Hotel.
우리나라 모텔 수준 정도이다.
하지만 다이빙 센터와 1분 거리에 있었다

6

갑자기 불허된
펀 다이빙

물속 고수들 중 한 명

다이빙 센터에 출근하면 시커멓게 탄, 숱 많은 속눈썹에 깊은 눈매를 가진 중동 남자 몇이 그림자처럼 센터 한 곳을 차지하고 있다. 색바랜 성장은 초라하기까지 하다. 실은 다합에서는 새것이랄 것이 없다. 짠 바람과 강한 햇살. 선명한 색을 금방 바래게 한다. 심지어 그들은 말수조차 적다.

커다란 눈으로 한 곳을 응시한다든가, 담배를 피우면서 그들 언어로 이야기를 한다. 처음에 나는 그들이 허드렛일을 하는 직원인 줄 알았다. 교육을 받을 때는 늘 긴장하고 있어서 나를 가르치는 강사 외에는 관심 가질 여유조차 없었다. 오늘만 무사하면 모든 것에 무관심해도 될 때였다.

묵직한 그들이 슈트를 입고 물속으로 들어가면 다른 사람이 되었다. 이틀 동안 펀 다이빙을 다니면서 나는 물속 고수 두 명을 만났다. 다합을 떠나기 전까지 내게 많은 영향을 준 사람들이다.

1 Golden Blocks 해안가 정경
2 Golden Blocks과 Moray Garden 포인트가 있는 레스토랑.
풍요로운 바닷속과 달리 산은 메마른 바위산이다

이트하우스로 다이빙을 갈 때마다 나오면서
돌 하나씩 들고 나왔다.
그리고 한국까지 가지고 왔다

2019년 1월 3일 생애 처음 편 다이빙으로
Golden blocks, Moray garden을 갔을 때
버디였던 이메드가 그곳에서 주웠던 돌.
나는 이 돌들을 'Lucky Stones'라고 이름을 지었다

사막과 낙타 그리고 베두인.
Golden Blocks를 떠나서
다시 센터로 돌아오는 차 안에서 찍은 사진

첫 번째는 이메드Emad이다. 다른 한 명은 다음 회에 소개할 것이다.

이메드는 옥토퍼스 다이빙 센터Otopus world Dahab dive center 대표다. 손님이나 교육생들에게 농담을 걸며 분위기를 돋우는 말재주가 있다. 다합에서 손꼽을 수 있는 다이빙 실력자이다. 긴장감으로 숨 막힐 것 같던 내 생애 첫 펀 다이빙을 구제해준 사람이 바로 그였다.

바로 앞바다인 라이트하우스를 제외한 펀 다이빙 포인트에 가려면 20~30분 차를 타고 가야 한다. 다합의 거의 모든 포인트는 비치 다이빙이다. 수레에 공기통과 장비를 싣고 5분 정도 걸어서 가는 포인트Mashvaba도 있다. 하지만 대부분 차량 이동이다. 다이빙 포인트가 있는 곳에는 어김없이 레스토랑이 있다.

레스토랑에 짐을 풀고 장비를 세팅하고 슈트를 입는다. 미리 점심과 음료도 주문한다. 오전 다이빙을 마치고 나오면 점심 식사가 준비되어 있다. 식사와 휴식을 취한 뒤 오후 다이빙을 한다. 센터에 돌아오면 오후 4시이다. 돌아와서는 장비 세척과 샤워를 한다.

나는 4시까지 바닷속에 다녀와도 씻지를 못한다. 센터 샤워실은 붐비기 때문에 호텔에 와서야 씻을 수 있다. 한 가지 새로운 사실은 모든 물이 짜다는 것이다. 그 이유를 물었더니 이런 대답이 돌아왔다. 지하수지만 바다가 가까이 있어서 담수와 섞여서 그런다고.

씻고 나면 5시가 지난다. 이곳도 서서히 해가 진다. 하루 마감이다. 술은 생각조차 할 수 없다. 인터넷이 잘 터지는 카페에서 노트북을 켤 여유도 없다. 빨래하고 저녁 먹고 이론 공부 좀 하면 눈이 감긴다. 일찍 자야 아침 5시에 일어날 수 있다.

아름다운 물속

글을 쓰다 보면 똑같은 소재를 가지고도 작가가 어떻게 해석하느냐에 따라서 주제가 달라지는 경우가 많다. 다이빙도 마찬가지이다. 물속 풍광도 풍광이지만 가이드에 따라서 풍광이 달라 보인다는 것을 직접 체험했다.

첫 펀 다이빙은 다합 남쪽 끝인 Golden blocks, Moray garden을 다녀왔다. 이메드가 나를 위해 버디를 기꺼이 서주었다. 이메드는 로맨틱 코미디라고 할까. 그런 다이빙 장르가 있다면 말이다.

호흡기로 호흡을 하면 물방울이 생긴다. 방울방울들을 모아서 몇 가지 형상을 만들 수 있는데 그는 둥글게 뭉쳐서 내게 던졌다. 물속에서는 지레 겁을 먹고 뻣뻣하게 굳어 있기 마련이다. 그런 나를 일시에 무장 해제시켰다. 웃느라 마스크 안으로 물이 들어왔지만 즐거움이 공포를 압도했다.

그는 유영이 서툰 내게 왼팔을 내밀었다. 팔짱을 끼자 나를 데리고 날아다녔다. 물속에서 두 마리 새가 되어 날아다녔다는 말이 맞다. 나는 아직도 자유로움을 '물고기'보다는 '새'에 비유하는 게 더 좋다.

신기한 수중 생물을 보며 일일이 가리키며 설명해주었다. 마스크 안 그의 커다란 눈이 말을 하고 있었다. 굳이 입이 필요하지 않았다. 눈으로도 충분했다. 총 42분 다이빙을 했고 끝나기 15분 전부터 그의 공기를 나눠서 사용해야 했다. 출수 전 5m 수심 3분 정지 시간부터 다시 내 호흡기를 물었다. 초보자는 공기 소모량이 많다.

나는 아름다운 산호초와 능숙한 리더인 이메드에게 완전히 반해버렸다. 그 여운은 참으로 길었다. 며칠 동안 그와 다이빙했던 순간순간들의 감정들이 불시에 쳐들어왔고 그때마다 행복한 기분에 빠져들곤 했기 때문이다.

펀 다이빙 들어가기 전에 마하무드가 브리핑을 하고 있다(제일 오른쪽)

다이빙 센터에서 이메드와 함께

그가 두 군데 포인트에서 주워 왔던 돌멩이를 내가 가지고 와서 소중하게 보관했다. 그는 습관처럼 입수를 하면서 돌멩이 하나를 주웠다. 그때는 알지 못했다. 공기통을 두드려서 팀원들의 주의를 집중케 하는 도구라는 것을.

2019년 1월 3일 생애 처음 펀 다이빙으로 Golden blocks, Moray garden을 갔을 때 버디였던 이메드가 그곳에서 주웠던 돌. 나는 이 돌들을 'Lucky Stones'라고 이름을 지었다.

어떻게 보면 바닥에 널리고 널린 것이 돌멩이였다. 특별히 예쁜 것을 줍지도 않는다. 손안에 들어오는 적당한 크기. 그 돌을 갖기 위해서 그와 약간의 실랑이를 벌였다. 결국은 내 손으로 들어왔다. 일종의 놀이였다.

내 수중에 들어온 돌을 호텔로 얌전히 모시고 왔다. '행운의 돌'이라고 이름을 붙였다. 한국에도 가지고 왔다. 다이빙이 두려울 때마다 그때의 즐거움을 환기시켜준 나의 행운의 돌. 내가 다이빙에 능숙해질 때는 출수하면서 직접 하나씩 모으기 시작했다.

이런 세상을 보기 위해서 그렇게 발버둥을 쳤던가. 호텔 침대에 누워 행운의 돌을 보면서 나는 그날 처음으로, 다이빙을 하면서 행복하다는 생각을 했다.

이해할 수 없는 조나단, 왜?

그러나 이 즐거움은 오래가지 못했다.

다이브 마스터 훈련 4일 차. 펀 다이빙 6깡을 하고 온 오후였다. 오전에 앞바다인 라이트하우스로 펀을 갔다. 이메드가 또다시 버디여선지 처음으로 긴장하지 않은 날이었다. 라이트하우스에 펀을 갈 때와 교육을 갈 때와는 완전히 달랐다. 오후에는 다이빙 센터와 가까운 곳으로 가기로 되어 있어서 아침에 함께 다이빙을 했던 펀 다이빙 손님과 점심 식사까지 여유롭게 했다.

오후 조나단으로부터 더 이상 펀 다이빙을 가지 말라는 말을 들으려는 조짐이있을까.

나는 다이빙을 한 뒤로 점심시간의 평안을 누리지 못하고 있었다. 식사도 식사지만 오후 다이빙을 생각하면 여러 생각들로 머리가 복잡해졌다. 마음을 다스리는 일에 더 중점을 두었다.

여러 사람과 어울리기보다는 혼자 명상에 잠기는 것을 택했다. 거창한 명상이 아니다. 호텔이 다이빙 센터와 가까이 있었다. 식사를 일찍 끝내고 음악을 들으면서 두려운 것들을 하나씩 없애 나가는 거였다.

그런데 그날은 호텔 앞 카페에서 펀 다이빙 손님이었던 그녀와 수다를 떨었다. 쓸데없는 이야기로 많이 웃었다. 젖은 슈트를 벗어서 햇볕에 말려 놓고는 마늘 샌드위치를 먹었다. 평소에는 바닷가에서 스노클링이나 수영하는 사람들이 나와 상관없어서 눈에 들어오지 않았는데 그들을 한참이나 쳐다보았다.

나도 저 사람들처럼 여유로울 수 있다는 것을 알았다. 그날따라 오후 다이빙이 부담스럽지 않았다. 펀 다이빙 포인트 중 한곳인 아일랜드는 최대 수심이 18m였고 산호초가 아름답기로 소문이 나 있다. 사진 촬영하러 많이들 온다고 했다. 눈부시도록 햇살이 좋아 산호초는 더욱 화려하게 빛날 거였다.

내 여유와는 달리 센터는 오픈워터나 어드밴스 자격증을 따려는 교육생들로 북적거렸다. 조나단은 다른 DMT와 이제 막 다이빙을 마치고 나온 참이었다. 내 즐거움이 얼굴에 표가 난 것 같아 미안하기도

했다. 그가 내게 물었다.

"어디 갔다 왔어요?"

"점심 먹고 왔어요."

"차노휘 씨, 이제 펀 다니지 마세요."

"네에? 당분간 아무것도 신경 쓰지 말고 깡 수를 늘려서 실력을 쌓으라고 했잖아요? 오늘 아침 처음으로 긴장하지 않았는데, 그리고 오후에 갈 아일랜드는 꼭 가 보고 싶었던 곳인데 가면 안 될까요?"

"여하튼 펀 가지 마세요. 오후에 장비 브리핑이 있어요."

나는 느닷없는 조나단의 말에 수긍할 수가 없었다. 장비 브리핑이야 다음번에 들어도 될 일, 아침까지만 해도 펀을 가라고 했고, 며칠 전에는 일단 깡 수를 채우라고 했다. 그리고 다이브 마스터 훈련생을 모집할 때 훈련비를 내면 펀 다이빙 비용이 공짜라고 광고까지 했다. 어느 정도 깡 수가 차야 레스큐 다이빙 시험도 볼 것이 아닌가. 그 몇 시간 사이에 말을 번복할 수 있다는 말인가.

나는 착잡해졌다. 앞뒤도 없이 단도직입적으로 말을 내지르는 그를 이해할 수가 없었다. 어찌 두 달 동안 부딪치면서 다이브 마스터 훈련을 마칠 수 있을까. 머나먼 곳까지 날아와서 만만치 않은 교육비를 내고도 내 마음대로 할 수 없음에 나는 언짢아졌다. 갈 수 없게 만드는 그 이유가 설득력이 없어서 더욱 그랬다.

나는 왜 펀 다이빙 장비를 챙기지 않느냐는 질문을 받기 시작했다. 이메드도 오후 가이드를 맡은 마하무드도 그리고 함께 오전 다이빙을 동행했던 사람들도. 심지어 줄리아까지도 물었다.

그들이 장비를 챙겨 떠나는 것을 쓸쓸하게 지켜봤다. 그리고 알았다. 내가 길을 잘못 들어섰다는 것을. 생각지도 못한 아주 사소한 것에서 첫 번째 위기가 왔다. 나는 나를 알고 있다. 강압적인 것을 너무나 싫어한다는 것을. 다이브 마스터 훈련생이 아니라 마스터스쿠버 다이버 길을 갔어야 했다. 아마추어로서도 충분했다.

  이날 가지 못한 아일랜드 펀 다이빙은 정확히 한 달 뒤, 아주 흐린 오후에 딱 한 번 가게 된다. 그리고 다음 날부터 오픈워터와 어드밴스 교육시키는 교육생들 보조를 맡게 된다. 나이트 다이빙을 제외한 펀 다이빙은 20일1월 25일 뒤에나 몇 번 가게 된다.

펀 다이빙 포인트가 있는
레스토랑에서 점심을 먹고 있는
아마추어 다이버들

단골 식당이었던 'The Kitchen'.
손님이 별로 없고 바로 숙소 앞이라 자주 갔던 곳.
글 작업 하기에는 안성맞춤이었다

펀 다이빙을 가기 위해서는
장비를 싣고 20~30분 차로 이동해야 한다

7

다이브 마스터 필수,
8가지 장비에 관한 브리핑

장비 의존형 스포츠

　스쿠버 다이빙은 장비 의존형 스포츠이다. 장비 교육을 철저히 해야 하는 이유이기도 하다.

　장비는 기본적으로 여덟 개가 있다. 여덟 개의 장비 브리핑은 오픈 워터 첫날 스킨스쿠버 다이빙에 관한 전반적인 비디오를 보고 난 교육생이 받는다. 직접 장비 세팅과 해체까지 하고 수신호까지 익힌다. 그렇다고 처음부터 잘할 수는 없다.

　교육 들어가면서 매번 세팅을 해 봐도 한 가지씩 빠뜨리기 일쑤다. 그래서 버디가 중요하다. 장비 세팅을 하고 장비를 착용한 뒤 '버디 체크'를 한다. 서로의 파트너가 실수한 것이 없는지 다이빙 전에 최종적으로 점검해주는 절차다.

　장비 브리핑은 다이브 마스터 필수 시험이다. 미리 이론 준비를 해야 한다. 사람 앞에서 말하는 연습도 해 봐야 한다. 장비 브리핑은 학교에서 강의를 하는 내가 유리할 거라고 생각했다. 그러나…

8가지 장비 브리핑

8가지 장비는 대략 다음처럼 브리핑이 진행된다. 좀 길어질 수도 있지만 스쿠버 다이빙에 관한 기본 지식이라 짧게 정리해서 올려본다.

첫 번째 장비 설명은 대부분 공기통부터 시작한다. 정확히 말하자면 압축 공기통이다. 사람들은 흔히 산소통이라고 부른다. 나 또한 그렇게 알고 있었다. 습관적으로 산소통이라고 해서 그것을 고치는 데에도 몇 주가 걸렸다.

틀린 말이다. 공기 중의 산소 분포는 21%밖에 되지 않는다. 질소가 나머지 퍼센트를 차지한다. 100% 산소통은 병원에서 감압병 잠수병 응급처치용으로 사용된다. 실린더 혹은 탱크라고도 부른다.

공기통 재질은 알루미늄과 철이 있다. 알루미늄으로 된 공기통을 많이 사용한다. 부식에 강하고 가볍고 철보다 싸다. 공기통에는 여러 가지 정보가 적혀 있다. 제조사는 물론 공기량과 압력 등. 무엇보다 중요한 것은 검사 날짜를 확인하는 것이다.

육안 검사는 1년에 한 번 검사받은 날짜가 적힌 스티커를 붙여 놓는다. 내부 수압 검사는 5년에 한 번씩 의무적으로 받게 되어 있다. 검사받았던 날짜가 알루미늄에 찍혀 있다.

겉이 찌그러져 있거나 녹이 슬어 있다면 내부는 더 심하게 부식되었다고 볼 수 있다. 아무리 깨끗한 공기를 넣어도 오염이 된다. 오염된 공기를 마실 수는 없다. 공기는 냄새가 없어야 한다.

검사뿐만 아니라 관리도 철저해야 한다. 200bar는 엄청난 위력을 지닌다. bar는 압력을 재는 단위이다. 200bar는 3,000psi이다. 풀 탱크는 200bar가 넘었을 때를 말하고 다이빙을 마치면 최소 50bar 정도는 남겨야 한다. 소방차 한 대는 거뜬히 날린다. 장비 세팅이 끝나면 공기통이 바닥에 닿게 눕혀 놓아야 한다. 풀 탱크와 엠프티 탱크도 구분해야 한다. 잘못 놔두면 엠프티 탱크로 장비를 세팅할 수가 있다.

공기통과 연결해서 호흡할 수 있는 장비가 레귤레이터이다. 레귤레이터는 흔히 두 개의 선으로 나누어져 있고 선이 나눠지는 부분을 1단계라고 한다. 1단계에서 압축된 공기를 중간 압력으로 낮춰준다. 2단계는 마우스피스가 있는 부분이다. 2단계에서 숨을 쉴 수 있는 주변 압력과 같아지게 한다.

짧은 선은 주호흡기이고 긴 것은 보조호흡기 옥토퍼스 이다. 옥토퍼스는 주호흡기가 고장 났거나 버디에게 공기를 나누어줄 때 사용한다. 주호흡기보다 더 길고 줄 색깔이 밝은 것이 그 이유이다.

레귤레이터에 더스트 캡이 붙어 있다. 레귤레이터에 물이 들어가면 안 된다. 공기통과 마찬가지로 오염이 될 수 있다. 다이빙이 끝난 다음이면 더스트 캡에 남아 있는 물기를 말끔하게 말려야 한다.

장비 브리핑에서 제일 중요하게 다루는 것은 BCD이다. 부력조절장치이다. BCD만 잘 사용하면 초보자라도 다이빙을 '잘' 즐길 수 있다. BCD는 공기를 넣고 인플레이터 빼는 디플레이터 장치가 있다. 공기 배출구가 두 개 더 있지만 초보자는 디플레이터 작동시키기에도 벅차다. 그래서 거의 사용하지 않는다.

인플레이터는 기계적인 힘으로 작동된다. 어떤 자세나 위치에서 눌러도 공기가 들어간다. 디플레이터는 단순 개폐장치이다. 안에 스프링만 있다. 손가락으로 눌러서 개폐구를 열어주어야 한다. 공기를 빼기 위해서는 공기가 물보다 가벼운 성질을 이용해야 한다.

주로 다이빙할 때 다이버는 수평 자세를 유지한다. 그때는 공기가 등에 몰려 있다. 공기를 배출시키기 위해서는 몸을 세워야 한다. 어깨 위로 공기가 몰릴 때 개폐구를 연다. 디플레이터가 연결된 선을 팔로 높이 쳐들어야 한다. 공기가 물 밖으로 나가는 것을 눈으로 확인할 수 있다.

이 두 장치는 누르고 작동되기까지 3초가 걸린다. 3초를 참지 못하고 연속적으로 누르면 공기가 BCD에 빵빵하게 들어가서 수면으로 붕 떠오르거나 바닥으로 가라앉게 된다.

만약 내 몸이 수면까지 떴다면 어떻게 할까. 어떤 상황에서도 당황하지 말아야 한다. 일단 몸을 수직으로 세운다. 핀도 마찬가지이다. 마찰 면적을 최대한 줄여야 한다. 팔을 올려서 디플레이터를 쭈욱, 누른다. 숨도 똑같이 길게 내뱉는다. 들숨은 짧게 한다. 그래도 가라앉지 않으면 몸에 힘을 뺀다. 그러면 천천히 가라앉는다.

반대로 바닥으로 가라앉았을 때는 섣불리 바닥을 차면서 일어나서는 안 된다. 손가락만 한 산호초가 만들어지기까지 50~100년이라는 시간이 걸린다. 산호초를 망가뜨릴 수 있다. 바닥이 흙이나 모래여도 문제다. 잘못했다가는 강사가 보이지 않을 정도로 부유물이 일어날 수 있다.

바닥에 닿은 상태에서 침착하게 인플레이터를 눌러야 한다. 숨을 들이마셔 폐에도 공기를 채운다. 바닥에 위험 물질이 없으면 통, 하고 그때서야 손으로 바닥을 치면서 몸을 띄운다.

다이빙 입수 방법은 크게 두 가지가 있다. 비치 다이빙과 보트 다이빙이다. 보트 다이빙은 장비를 다 착용하고 바닷속으로 뛰어든다. 비치 다이빙은 걸어서 입수한다. 다합은 거의 모든 포인트가 비치 다이빙이다. 비치 다이빙 입수도 요령이 있어야 한다.

핀은 가슴 높이 수심에서 신는다. 핀을 신고 걸을 수 없기 때문이다. 그런 다음 디플레이터를 눌러서 BCD 안에 있는 공기를 전부 뺀다.

장비 브리핑 연습하다가 잠든 척 하는 J. DMT들은 늘 피곤하다

장비 브리핑을 하고 있는 나

DMT 세 명과 옥토퍼스 다이브 센터 가족들. 오른쪽 첫 번째가 센터 대표 이메드

입수할 준비가 되면 그 자리에 앉은 다음 물 바닥으로 잠영하듯이 들어가야 한다. 철퍼덕하면서 수면에 누워버리면 안 된다. 마찰 면적이 커서 가라앉지 않는다. 초보자들은 의외로 잘 뜬다.

몸이 뜨면 양성부력이고 가라앉으면 음성부력이다. 다이버들은 중성부력을 유지해야 한다. 중성부력은 그 수심에 맞는 물과 같은 무게를 유지하는 것을 말한다. 처음에는 중성부력 찾기가 어렵다. 능숙한 다이버들은 호흡만으로도 중성부력을 맞춘다.

예를 들어 보면 5m에서 중성부력을 유지한 다음 10m로 들어간다. 아래로 내려갈수록 수압이 높아지기 때문에 공기 공간이 작아진다. 이때는 인플레이터를 눌러서 공기를 채워주어야 한다. 20m에서도 마찬가지이다. 공기를 되레 넣어주어야 한다.

반대로 30m에서 올라올 때는 줄어들었던 공기가 자연스럽게 커진다. 디플레이터로 공기를 빼줘야 한다. 혹, 공기를 늦게 빼서 상승하면 재빠르게 디플레이터를 길게 눌러주어야 한다. 중성부력이 맞춰졌다 싶으면 몸을 수평으로 만들어서 킥을 차면 된다.

다이빙은 속도가 아니다. 미지의 세계를 구경하는 것이다. 그래서 인위적인 공기 공간을 만들어서 물속에서도 볼 수 있게 해주는 마스크가 있어야 한다.

마스크는 얼굴에 대고 코로 숨을 들이쉴 때 떨어지지 않는 것이 좋다. 공기 새는 공간이 없어야 한다. 착용했을 때는 머리카락 한 올도 들어가지 않게 단속해야 한다. 머리카락을 따라 물이 들어갈 수 있다. 남자들은 수염을 깨끗이 정리해야 한다. 팔자 주름 등 얼굴 근육이 움직일 때도 물이 들어간다. 그래서 제일 처음 배우는 스킬이 마스크 물 빼기이다.

마스크 착용도 신중해야 한다. 귀 위로 끈이 오게 한다. 귀 중간에 걸치면 수압이 높아질 때 고통스럽다. 마스크를 꽉 조여서도 안 된다. 수압이 높으면 압착이 생긴다. 눈이 빠질 듯 아프고 심할 때는 실핏줄이 튀어나올 수도 있다. 이럴 때는 코를 풀듯이 흥, 하고 공기를 내보내주면 풀어지지만 처음부터 주의를 하는 것이 더 중요하다.

마스크는 코까지 완전히 가려야 한다. 코로 숨을 쉬어서는 안 된다. 과장해서 말하자면 다이빙할 때 코 역할은 이퀄라이징할 때뿐이다. 동양 사람들은 코가 낮기 때문에 손으로 코를 꽉 쥐어주고는 풀듯이 큥, 해야 귀가 열린다.

이 외에도 침을 삼키기도 하고 턱을 움직이기도 하면서 이퀄라이징하기도 한다. 이 세 가지 방법을 다 사용하는 사람도 있다. 사람마다 다르다. 마스크 스커트 부분은 스노클링과 달리 굉장히 부드럽다. 유연성이 있어야 이퀄라이징을 할 수 있기 때문이다.

마스크 종류는 일안, 이안, 삼안 식이 있다. 종류는 그리 중요하지 않지만 눈이 좋지 않아 렌즈를 교체해야 하는 다이버는 이안 식 마스크가 좋다.

한 가지 짚고 넘어가야 할 것은 수영하는 사람들의 특징이다. 수영하는 사람은 코로 숨 쉬기가 쉽다. 버블이 형성되어 공기 공간에 물이 들어온다. 절대 코로 숨을 쉬어서는 안 된다. 킥도 굉장히 빠르고 손을 사용하려고 한다. 다이빙은 손을 사용하지 않고 킥도 아주 느리게 차야 한다.

부츠는 손가락 굵기만큼 여분이 있는, 발 사이즈보다 좀 더 넉넉한 것을 신어야 한다. 꽉 맞는 것을 신으면 킥을 찰 때 발가락이 아프다. 쥐가 날 수도 있다. 신발은 좌우가 있다. 지퍼가 안쪽으로 오게 신는다. 하지만 핀은 좌우가 없다. 핀 벨트는 아킬레스 쪽에 맞추고 착용한다.

벨트를 당길 때는 한쪽만 당기면 중심이 흐트러진다. 균등하게 양쪽을 당겨야 한다. 너무 조이면 30~40회 킥을 찰 때, 쥐가 날 수도 있다. 핀 버클은 고정된 힘이 없어서 물살에 쓸려갈 수도 있다. 출수하고 핀을 벗으면 곧장 벨트를 버클에 고정시켜야 한다. 다합은 비치 다이빙이라 부츠와 핀이 분리되어 있다.

교육생들은 킥 자세를 잘 배워야 한다. 잘못된 킥이 몸에 배면 고치기 힘들다. 킥은 다리를 어깨 넓이로 벌리고 차야 한다. 허벅지가 탱크에 살짝 부딪치는 느낌이 있어야 잘 차는 킥이다. 이곳 앞바다는 거의 조류가 없다. 하지만 이곳에서만 다이빙을 하지는 않을 것이다. 역조류를 만났을 때 강한 킥을 차고 나가야 한다.

슈트는 5mm와 7mm가 있다. mm가 높을수록 보온과 부력이 크다. 다합에서는 겨울과 여름에 5mm를 주로 입는다. 겨울에는 물속이 따뜻하지만 여름에는 차갑다.

마지막으로 웨이트이다. 본인 몸무게의 10%를 차는 것이 일반적이다. 하지만 교육생들은 15% 정도 착용케 한다. 같은 몸무게라도 지방보다도 근육이 많으면 좀 더 무게를 더한다. 다이빙하는 횟수에 따라서 웨이트는 줄게 되어 있다.

웨이트를 착용할 때 한 가지 주의할 점이 있다. 벨트는 기내 안전벨트와 같은 재질이어서 끊어질 위험은 없다. 대신 꽉 조이되 손으로 벨트를 따로 묶어서는 안 된다. 비상 탈출할 때 한 번에 풀 수 있어야 한다.

이것을 기본 줄기로 해서 장비 설명을 끝낸다. 장비 설명 다음에는 장비 세팅 시범을 보이면서 교육생에게 따라 하게 한다. 세팅 다음에는 해체, 펀 다이빙 갈 때 박스 정리법, 수신호를 가르친 다음 라커 번호 지정을 해준다. 대략 1시간 30분이 걸린다.

1 옥토퍼스 센터 내에 걸려 있는 스쿠버 장비들
2 옥토퍼스 센터 내에 있는 스쿠버 장비들
3 옥토퍼스 센터 뒤뜰에 있는 슈트와 BCD 건조대.
  다이빙이 끝나면 세척을 하고 널어서 말린다

다이브 마스터 동료들

조나단이 펀 다이빙을 그만 다니라고 말한 오후 장비 브리핑은 DMT '규'였다. 그녀는 세 번째 했을 때에야 오케이 사인을 받았다고 했다. 내가 본 것은 합격했을 때다.

내가 훈련을 받는 동안, DMT 다이브 마스터 훈련는 나를 포함해서 세 명이었다. 첫 번째 '규'는 25세 대학생 졸업반이다. 졸업 1년을 남겨두고 휴학을 하고는 여행을 다닌다고 했다.

여행 중에 다합에서 오픈워터와 어드밴스를 딴 뒤 남미로 갔다가 복귀해서 훈련을 받고 있었다. 다른 훈련생보다 일찍 적응한 그녀는 센터 사람들과 돈독한 사이였고 영어도 잘했다. 성격도 활발할 뿐만 아니라 사무적인 일처리도 빨랐다. 무엇보다 물을 좋아했다. 나보다 한 달 더 일찍 훈련에 들어가서 80깡 정도가 앞서 있었다.

두 번째는 J이다. J는 규와 같은 나이이다. 졸업을 앞두고 다이브 마스터가 되기 위해서 한 달 여유를 가지고 다합으로 왔다. 내가 DMT를 시작한 지 이틀 지나서 그가 합류한 셈이다. 필리핀 세부에서 오픈워터와 어드밴스를 땄다. 그래서 한 달 정도면 다이브 마스터가 될 수 있을 거라는 계산이 그에게 있었다. ROTC 출신이며 2월에 학교 졸업하면 곧장 군대에 입대해야 한다고 했다. 나보다 30깡 정도 앞서 있었다.

J의 고민

이렇게 우리 세 명은 DMT 생활을 함께 해 나갔다. 실력은 모두 달랐다. 규는 다합에 이미 적응을 했고 현지인과 하우스 셰어를 하고 있어서 센터에 머무는 시간 외에는 함께할 시간이 거의 없었다. J

는 친구 원과 함께 다녔다. 단짝 친구인 만큼 둘은 붙어 다녔다. J가 센터에 오면 그 친구도 함께 출근해서 펀 다이빙을 가곤 했다.

나는 J와 친하게 지냈다. 비슷한 시기에 입문한 동기라는 것이 컸다. 공통된 감정을 서로 이야기할 수가 있었다. 그리고 그도 나와 같은 고민을 하고 있다는 것을 알게 되었다.

J가 DMT 훈련을 받은 이튿날, 그러니깐 내가 펀 다이빙을 다닐 수 없게 된 다음 날 J는 심각하게 뒤뜰 바깥쪽에 앉아 있었다. 그곳은 옆 건물 식당 쉼터이기도 했다. 흡연 장소로 주로 이용되었다.

J는 내 눈도 마주치지 않고 바다 쪽을 바라보았다. 얼굴에는 표정이 없다. 나 또한 훈련을 계속해야 할지 고민하고 있었다. 마냥 그를 지나칠 수가 없다. 내 직감이 맞을 것 같았다. 넌지시 그를 떠보았다.

"J, 너 제법 심각한 것 같은데? 너 그만두고 싶어서 그러지?"

그는 깜짝 놀라며 나를 보았다. 그러고는 고개를 끄덕였다. J도 짐작대로 나와 같은 위기를 겪고 있었던 것이다.

The Canyon에서 펀 다이빙을 하고
Blue Hole 가기 전 휴식 시간.
젖은 슈트를 계속 입고 있으면 춥기 때문에
마른 것이면 뭐든 걸치고 양지바른 곳에서
해바라기를 해야 했다. DMT 규 그리고 J와 함께.
이런 모습도 기념으로 남겨야 한다고 내가 말했다

8

"비행기 세 번 타고 왔는데…
포기하면 아깝잖아?"

다이브 마스터 훈련생의 일상

다이브 마스터 훈련생이 된 뒤로 일상도 변했다.

오전 6시가 조금 지나면 숙소에서 오른쪽으로 2km를 달렸다가 되돌아오는 것은 여느 때와 다름없다. 다이빙 가방은 더욱 꼼꼼하게 쌌다. 다이빙을 하고 나면 그다음 다이빙 시간까지 젖은 슈트를 입고 있어야 한다. 기온은 주로 20~21도. 한국의 늦가을 날씨다. 그나마 해가 날 때는 양지바른 곳을 찾아 병아리처럼 움직여서 추위를 쫓을 수 있다. 흐린 날은 곤욕이다. 감기에 걸리지 않게 따뜻한 음료와 옷, 수건은 기본이다. 물속에서 호흡기에 의지하여 숨을 쉬기 때문에 감기에 걸리면 다이빙을 할 수 없다.

매일 아침 40분 일찍 다이브 센터로 간다. 센터에 오전 8시 15분 정도에 도착하면 장비를 먼저 챙긴다. 전날 건조대에 말려 놓았던 웨트슈트 S 사이즈를 걷어 로커에서 꺼낸 장비 바구니에 넣어 두고는 수영복을 입고 앞바다로 간다. 수영 연습을 하기 위해서다.

한국에서 3개월 동안 수영을 배우고 왔지만 400m는 시도해 본 적

이 없다. 수영장 레인 25m도 간신히 도착하곤 했다. 400m를 10분 안에 들어오는 시험은 내게 큰 부담이었다. 그것도 바다에서 말이다.

센터 출근하기 30분 전에 수영 연습을 하자는 제안은 규가 했다. 규는 DMT 동기이다.

다이브 마스터 훈련생 세 명

규는 워낙 물을 좋아해서 다이빙 자체를 즐길 뿐만 아니라 누구하고나 잘 어울렸다. 새카맣게 탄 몸, 비키니 입는 것이 자연스러운 건강한 20대였다. 영어뿐만 아니라 이집트인 두 명과 하우스 셰어를 하고 있어서인지 간단한 현지어도 곧잘 했다. 센터에 있으면 그녀의 웃음소리를 자주 들을 수 있다. ROTC 출신은 J는 규와 같은 스물다섯 살이지만 의외로 말수가 적고 낯을 가린다. 하지만 동기 셋은 합이 잘 맞았다. 그중 나는 J와 빨리 친해졌다. 비슷한 날짜에 훈련생이 되어 비슷한 고민을 해서였다.

J

조나단이 펀 다이빙을 다니지 말라고 한 다음 날, J가 다이브 마스터 훈련생으로 합류한 지 이틀. 아침에 센터로 출근해서 보니 뒤뜰에 J가 침울한 얼굴로 앉아 있었다. 그의 얼굴을 보자마자 그도 나와 같은 고민을 하고 있다는 것을 직감으로 알았다.

"혹시, 너 그만두고 싶어서 그러니?"

나는 J에게 직설적으로 물었다. 그는 바다 쪽으로 고개를 돌렸다가 나를 보더니 고개를 끄덕였다.

나는 그 옆에 앉았다. 다섯 걸음만 곧바로 걸으면 바다에 발을 넣을 수 있는 센터 위치. 햇살은 따사로웠고 길거리 개들은 땅에 아무렇게나 누워서 쉬고 있었다. 아침 풍경과 달리 나는 전날 밤 제대로 잠을 이루지 못해 피부가 푸석했다.

하지만 J도 나와 같은 고민을 하고 있다는 것을 안 순간 책임감이 느껴졌다. 내가 강의실에서 봤던 학생들의 얼굴이 스치고 지나가면서 긴장이 됐다. 우울도 전염이 된다고 했던가. 만약 그렇다면 일종의 포기도 그럴 것이다. 긍정적인 방향을 모색해야 했다.

나는 모 기자와 농담 삼아 교육 현실을 비꼬는 에피소드로 대화를 시작한 적이 있다. 모 기자는 한국에 있는 '선생'들도 이제는 서비스 종사자가 됐다고 했다. 지식을 전달해주는 서비스. 어떤 이유에서라도 강한 카리스마를 동반한 체벌로 학생들을 제압할 수는 없다. 되레 선생이 처벌을 받을 수 있다. 개개인의 개성을 존중하는 섬세한 피드백이 필요한 때이다. 나도 지극히 수평적인 관계를 추구하려고 노력한다. 유럽 여행을 다니다보면 나이와 직업을 떠나서 모두들 자유로웠다. 직책 등을 이름 뒤에 붙여서 부르는 우리나라 호칭과 달리 이름만 불러도 되는 그들 나라의 문화 및 언어 때문인지도 모르겠다. 여행을 다니다 보면 선진국일수록 나이와 직업을 떠나서 자유로웠다. 직책 등을 이름 뒤에 붙여 부르는 우리나라 호칭과 달리 이름만 불러도 되는 '언어의 마술'인지도 모르겠다. 나 또한 지극히 수평적인 관계를 추구하려고 노력하려 한다.

하지만 한국인 특유의 무뚝뚝함은 특히 남자들은 마음과 달리 표현이 서툰 경우가 대부분이다. 모 기자가 선생은 지식을 전달하는 서비스 종사자라고 한 말은 교실이 붕괴되고 있는 교육계의 현실을 비판한 것이지만 반대로 권위 의식을 벗고 학생들 개개인의 개성과 인

격을 좀 더 존중할 필요가 있다는 다른 충고이지 싶다.

익숙한 사람들과 떨어져 이 먼 곳까지 왔지만 적응이 되지 않는다고 J가 말했다. 친구와 함께 왔다지만 이국땅이라는 것 자체가 기본적으로 외롭고 낯선 곳인데 교수법이 너무 강압적이라는 것이다.

나는 그와 사소한 것에서부터 스쿠버 다이빙까지 여러 이야기를 나눴다. 그와 이야기를 할수록 내가 더 오기가 생기면서 힘을 받았다.

"J, 오기가 생기지 않니? 기껏해야 한두 달인데 우리 한번 도전해 보지 않을래? 조나단이 강압적인 것은 말이야, 다이빙이 위험한 스포츠여서 그럴 수 있어. 마냥 교실에서 수업이 이루어지는 것이 아니잖아. 물속에서 자칫 목숨을 잃을 수 있는 스포츠가 스쿠버 다이빙이야. 솔직히 나도 너처럼 며칠 고민했지만 고민했던 시간들이 지금은 아깝다는 생각이 들어.

나는 절대 포기하지 않겠어. 비행기 세 번 타고 이틀 걸려서 이곳까지 왔는데 아직 우리 시작도 안 했잖아? 생각해 봐. 앞으로 살면서 이보다 더 힘든 일이 많을 텐데 그럴 때마다 매번 포기하는 것? 나는 싫다. 포기도 습관이야. 이왕 시작했으니 깔끔하게 마무리 짓고 싶어. 우리 한번 해 보자."

한참 나를 쳐다보던 그가 고개를 끄덕였다.

옆 건물 식당은 하루 장사를 위해 냄새를 풍기며 음식을 준비하고 있었고 그 냄새를 맡고 땅에 엎드려 있던 개가 꼬리를 흔들면서 우리 곁으로 왔다. 나는 그때 생각났다는 듯이 J에게 말했다.

"J! 아침마다 규와 수영 연습하기로 했어. 8시 30분 센터 앞 바다에서. 너 알지? 수영 테스트? 같이 할 거지?"

그 뒤부터 하루 훈련을 마치고 J와 헤어질 때 인사말이 '내일 수영 연습해야지?'가 됐다.

산타클로스 다이브.
이집트는 대다수가 이슬람교라 성탄절을 기념하지는 않지만
현지인보다 외국인이 많은 다합만은 예외이다.
12월 25일이 아니라 12월 31일에
산타클로스 복장을 한 다이버들이 이벤트를 진행한다

J의 친구 원, J 그리고 나(시계 방향으로).
훈련 초, 단골 식당 The Kitchen에서
회포를 풀 때만해도 우리 얼굴은 하얗고 통통했다.
시간이 갈수록 소금에 절인 고등어처럼 까맣게 말라 갔다

연말 다합 거리

다이빙을 끝내면 추위를 쫓거나 담배를 피우는 양지바른 휴식 장소

9

다이빙을 하면 할수록
알아가는 것들

강도 높은 훈련의 연속

교육을 따라 들어가는 일상이 반복됐다. 거의 30kg 장비를 착용하고 하루에 4~6번 다이빙이 이루어졌다. 오전 9시 30분부터 시작해서 오후 6시가 되어서야 끝날 때가 많았다. 온몸이 슈트 안에서 염분에 절어 퉁퉁 부어오른 듯했다. 손과 발도 붓더니 손톱과 발톱 끝이 갈라졌다. 짠물에 내내 잠겨 있던 손톱이 장비 세팅과 해체를 반복하다 보니 견뎌 내지 못했다.

그곳에 바셀린을 발랐다. 며칠 더 지나니 허리 위쪽 부분에 염증이 생겼다. 공기통을 짊어졌을 때 끝이 닿는 부분이었다. 비상약으로 가지고 온 마데카솔을 발랐다. 효과가 있는지 모르겠으나 바르지 않은 것보다 낫겠지 싶었다.

숙면을 취하기도 힘들었다. 이론 공부를 하다가 잠들곤 했는데 자정 전에 다리가 경직되고 결려서 눈을 뜨곤 했다. 어떤 날은 허기가 져서 바나나와 요플레, 우유를 마시고 다시 자기도 했다. 목이 잠기고 기침이라도 하면 커피포트에 물을 끓여서 마시고는 이불 속으로 들어갔다.

잠을 자는 동안에도 나는 긴장하고 있었다. 그렇다고 연속적으로 훈련만 하는 것은 아니었다. 다이빙과 다이빙 사이 쉬는 시간이 있었다.

다이빙과 다이빙 사이

20m 이하 수심 다이빙을 한 번 하고 나오면 30분 정도 휴식을 취해주어야 한다. 30m 이상 들어갔을 때는 1시간 정도로 하고 있다. 질소 배출을 위한 시간이다. 꼭 지켜야 할 의무 사항은 아니지만 안전을 위한 의무 사항 아닌 의무 사항이 됐다. 이런 면에서 조나단은 철저했다.

쉬는 동안 젖은 슈트를 전부 다 벗을 수는 없다. 윗부분만 벗어 허리에 걸치고는 햇볕으로 나간다. 찬기를 날리고 몸을 말리면서 체온을 유지해야 한다. 뒤뜰에 머물러 있던 오전 햇볕이 오후가 되면 한참 뒤로 물러나 있다. 우리는 햇볕을 따라 자리 이동을 한다.

쉬면서도 긴장을 늦출 수는 없다. 다음 다이빙 때 교육생들 앞에서 혹시 실수를 하지 않을까, 라는 걱정 때문이다. 교육 다이빙이 하루에도 3~4깡씩 진행되니 스트레스가 매번 쌓일 수밖에 없었다.

다행히 음악이 있었다. 음악이 내 신경들을 부드럽게 어루만져주었다. 인터넷 연결이 잘 되지 않아서 데이터를 아끼느라 그동안 듣지 않았는데 이제는 몇 푼 아낄 만한 상황이 아니었다. 누구도 건드릴 수 없는 나만의 시간인 점심 시간 45분 동안 숙소에서 마음껏 음악을 들으면서 마음을 다스려야 했다. 오후 다이빙을 위해서 말이다.

하루하루 더해 가는 강도 높은 훈련은 나를 시험에 들게 했지만 그럴수록 오기도 더 단단해졌다. 새벽 5시 30분 기상. 조깅. 아침 식사. 아침 수영. 센터 출근해서 다이빙 등. 힘들면 힘들수록 묘한 쾌감

어느 날 비바람이 쳤다. 파도도 거칠었다.
다이버들은 모두 철수했고 해안가에 있던 의자들은
모두 길거리로 옮겨졌다

센터 2층에서 바라본 풍경

에 젖었다. 굴복하지 않고 견디고 있다는 만족감이었다. 비록 부족하지만 다이빙 횟수가 올라갈수록 실력이 늘 거라는 믿음이기도 했다. 다이빙을 할 기회가 생기면 몸이 아무리 피곤하더라도 따라 들어갔다.

나는 37m 딥 다이빙에서 질소마취 증상이 오기도 했고 호흡기를 아주 세게 깨물어 마우스피스가 뜯겨 나가 보조 호흡기로 바꿔 사용하기도 했으며 핀 벨트가 떨어져 나가 다시 사야 할 때도 있었다. 하지만 점점 물속이 좋아지고 있었다. 호흡과 중성부력만 잘 유지한다면 바닷속도 하늘과 다를 바 없었다. 다이빙은 창공을 나는 것과 같았다. 비록 공기통의 한계로 시간 제약이 있지만 말이다.

다양한 교수법

교육을 따라 들어가면서 다양한 교수법을 접했다.

조나단이 무뚝뚝하기는 하지만 교육은 정확했다. 펀 다이빙을 따라다니면 재미가 붙기는 하나 DMT 과정이 기술 없이 가이드 옆에서 도움만 받는 것도 문제였다. 펀 다이빙을 가더라도 그들을 보호할 수 있는 실력이 되어야 한다고 그가 말했다.

그래서인지 그는 교육생들이 스킬을 익힐 때 스킬을 정확히 숙지해야 한다고 강조했다. 그렇게 하려면 그들이 움직이지 않고 강사에게 집중해야 했다. DMT들의 보조가 잘 이루어져야 한다는 말이다. 붕, 뜨는 교육생들을 결코 용납할 수 없었다.

이런 교육을 보조하던 어느 날, 나는 5m 수심 수면에 떠 있는 교육생을 발견하였다. 현지인 강사가 담당하는 교육생이었다. 조나단과 줄리아의 교육에서 볼 수 없는 상황이었다.

교육을 끝내고 뭍으로 나왔을 때 규가 말했다.

"현지인들은 종종 뜨는 사람을 내버려 두더라고요. 뭐랄까, 혼자 수면에서 바닥으로 내려올 때까지요."

나는 그들의 '헐렁해 보이는 교육'이 얼마나 중요한지 얼마 뒤에 알게 되었다. 펀 다이빙을 따라갔을 때였다. 이제 막 어드밴스 자격증을 딴 다이버들이 다수 있었는데 그들 중 몇은 출수하자마자 붕붕 떴다. 가이드가 그들을 잡아 내리느라 제대로 가이딩을 하지 못했다. 펀 다이빙이 교육 다이빙이 되어버린 순간이었다.

S 강사를 따라 들어갔을 때는 내 콤플렉스와 마주한 시간이었다. S는 다합에서 강사 자격증을 딴 한국인이다. 일주일 뒤 귀국하는 그에게 마침 마지막으로 훈련을 시킬 교육생이 생겼다. SDI보다 까다로운 PADI 교육생이었다. 조나단은 내게 S를 따라 들어가라고 했다. 다양한 교육 방법을 익히라는 조나단의 배려였다.

S는 출수부터 섬세하게 교육생들을 인도했다. 물속 스킬에 있어서는 내가 여태 보지 못한 것들을 가르쳤다. 나는 어드밴스 자격증을 취득했으나 여러 물속 스킬을 건너뛴 채로 합격했다는 것을 그때야 알았다.

교육 훈련이 이루어질수록 나는 나를 냉정하게 점검하고 있었다. 여전히 호버링을 하지 못해서 교육생들이 바닥에 무릎을 꿇을 때 같이 꿇었다. 그렇지 않으면 호버링을 한다고 자꾸 핀으로 바닥 흙을 건드려서 먼지를 일으켰다. 공기 먹는 하마였다. 출수할 때 J와 비교하곤 하는데 그와 거의 50bar 차이가 났다. 어떨 때는 교육생들보다 앞질러 가기도 했다. 아직까지 속도를 조절하지 못했다.

이런 실력으로도 DMT라는 역할을 해내야 했다. 보조는 못할망정 교육생보다 월등해야 했다. 그 압박감이 상당했다. 나는 최선을 다하더라도 실력이 늘지 않는 사람도 있다는 것을 알았다. 바로 나처럼 말이다. 점점 자신감이 떨어지고 있었다.

이상하게 다이빙을 함께 하고 나면 지상에서와 다른 친밀감이 생긴다. S 강사(가운데)와 J

10

순수한 즐거움을
되찾아야 하는 순간

즐거움의 필요성

아무리 힘들어도 오전 6시 10분이면 숙소를 나서서 달린다. 익숙해진 거리, 인사를 나누게 된 몇 사람들, 나를 반겨주는 개. 조물주가 큰 붓질을 한 것처럼 마티르 강한 새빨간 햇무리가 옆으로 펼쳐져 따라오기도, 수묵화 같은 잿빛이 잔잔하게 물들어 가는 하늘과 바다가 그려지기도 한다.

달리다가도 해가 떠오르면 뛰는 것을 멈춘다. 양팔을 벌리고는 찬란하고 신선하고 고귀한 기운을 들이마신다. 그 싱싱함에 오늘을 살 기운을 얻어 파닥거린다.

어떤 날은 괜스레 가슴이 뭉클해져서 슬쩍 눈물을 흘리기도 했다. 블루투스 이어폰에서 흘러나온 음악이 슬퍼서일까. 힘듦과 서운함 혹은 깊은 회한 같은 것일까. 내가 하고 있는 일에 대해 최선을 다하고 있다는 위로일까. 가슴이 벅차올라 되돌아갈 때는 자꾸 오른쪽으로 고개를 돌렸다. 해는 구름 속에 가려 있고 햇무리만 구름 바깥으로 붉게 물들어 가고 있었다. 기다려도 해는 얼굴을 내밀지 않았다.

"꼭, 교육생 한 명 더 데리고 가는 것 같아요? 지금 몇 깡이세요?"

그날 오전 다이빙이 끝났을 때 줄리아가 내게 물어 왔다. 내가 35깡이라고 하자 "50깡까지는 봐줄게요. 그동안 규 하는 것을 보고 어떻게 하는지 익히셔야 해요"라고 말했다.

언제부터였던가. 다이빙이 커다란 짐 가방처럼 여겨지던 것이. 강사나 교육생들 눈치 보기에 바빴다. 실수 하나라도 하면 어떤 잔소리를 듣게 될지, 내심 고민했다. 조나단과 줄리아는 대체적으로 과묵했다. 나는 나를 질책했다. 주눅 들다 보니 계속 실수만 되풀이했다. 어떻게 해서든 여유를 가져야 했다. 그렇지 않으면 자존감이 바닥을 칠 것 같았다.

나는 이메드와 처음 편 다이빙을 갔을 때의 행복함을 떠올렸다. 그 순수한 즐거움을 되찾아야 했다.

기회

기회가 우연하게 왔다.

다합에 50개가 넘는 다이브 센터가 있고 1년에 한 번씩 감사를 받는다. 다른 때는 형식적인 반면 금년은 아주 까다롭게 한다면서 줄리아가 한참 뒤에 말해주었다. 그녀의 표현을 빌리면 샴엘 셰이크에 있는 어마어마한 부자가 이곳 다이브 센터를 다 집어삼키고 싶어서 로비를 한다고 했다. 탈락한 곳도 몇 군데 있었다.

내가 훈련받는 센터도 바싹 긴장하고 있었다. 며칠 전부터 서류를 정리하느라 정신없어 보였다. 내가 몰랐던 정보를 규가 알려주곤 하는데 한 가지 새롭게 알게 된 사실은 현지인 가이드를 보호하기 위해서 현지인 강사 고용만 합법이란다. 다합에서 일하고 있는 한국인 강사들은 불법 고용인 셈이다. 하지만 다이버가 되려는 한국인들을 위해서는 어쩔 수 없었다. 안전 교육을 위해서는 정확한 의사소통이 기본이니까 말이다.

드디어 감사받는 날이 왔다. 한국인 강사는 감사관들의 눈에 띄지 말아야 했다. 다이빙 교육을 펀 다이빙으로 보여야 했다. 교육할 장소를 앞바다가 아니라 펀 다이빙처럼 20~30분 차를 타고 가야 했다.

감사가 있는 날 규는 펀 다이빙을 가라는 허락이 떨어졌다. J는 DMT 훈련기간을 한 달로 잡고 왔다. 셋 중에서 제일 늦게 왔으면서도 제일 일찍 귀국한다. 특별히 조나단이 J에게 훈련을 몰아서 시키고 있었다. J는 조나단 어드밴스 교육생을 따라서 '사우스'라는 펀 다이빙 포인트로 따라가기로 했다. 하지만 나한테는 하루 쉬게 했다. 내가 배제되고 있다는 생각에 엄청 서운했지만 속내를 말하지는 않았다.

쉬는 날도 어김없이 조깅을 했다. 다른 날과 달리 일찍 센터로 출근할 필요가 없어서 쇼핑 골목으로 들어섰다. 영업 시작 전이라 사방이 조용한 곳을 1시간 넘게 둘러봤다. 숙소로 발걸음을 옮기는 내 눈에 '오르카 다이브 센터'가 들어왔다. 그때 내 머리를 딱, 치는 것이 있었다. 왜 여태 몰랐을까. 나도 여느 여행객처럼 펀 다이빙을 갈 수 있다는 사실을. 훈련받는 곳에서는 펀 다이빙이 공짜라지만 보내주지 않았다. 그깟 돈이야 내면 되었다. 정말 오랜만에 '사람대접'을 받고 싶었다. 그 당시 내 메모장에 이런 공식을 적어 놓고 있었다 DMT = 노예, 펀 다이빙 손님 = 주인님의 손님, 조나단과 줄리아 = 주인님.

실은 DMT들은 주말 상관없이 매일 교육 다이빙을 따라 들어가야 했다. 빠듯한 훈련 일정 때문이기도 했다. 나는 내게 하루 휴가를 허락했다. 나는 오르카 다이빙 센터로 들어갔다. 청소를 하고 있던 센터 직원이 마침 한국인 2명이 펀 다이빙을 간다고 했다. 합류하기로 했다.

이렇게 해서 처음으로 '외도'를 하게 되었다.

가끔 외도도 필요하다

우습게도 배운 게 도둑질이었다. 손님으로 떳떳하게 대접만 받자고 했으면서도 나는 내 장비를 다 세팅한 뒤에 오르카 펀 다이빙 손님에게 장비 세팅을 점검해주고 있었다. 알고 봤더니 그들은 펀 다이빙 손님이 아니라 어드밴스 교육생이었다. 마지막 교육 다이빙 두 번은 펀 다이빙처럼 Canyon과 Blue hole에서 훈련을 한다고 했다. 나는 이 교육 프로그램이 앞바다에서만 하는 것보다 낫다고 규에게 말했다. 규는 반론을 제기했다. 아직 제대로 실력도 안 된 교육생이 블루 홀에서 허우적거리는 것이 보기 좋지 않다고. 하지만 내 의견은 여전히 변함이 없다. 조나단과는 다른 교육 프로그램이었다.

현지인 강사에게 직접 교육받는 그들은 교육비도 조금 더 싸게 냈다. 하지만 그들이 영어를 유창하게 하지 못해서 그런지 철저한 교육 브리핑은 받지 못한 듯했다. 버디 체크 등을 내가 해주면서 그들의 질문에 상세하게 설명해주고 있는 나를 발견했기 때문이다.

오랜만에 센터 앞바다를 떠난 그곳은 햇살도 물살도 내 편이었다. 물속에서 어떤 눈치도 볼 필요 없이 다이빙만 즐기면 금상첨화였다. 뜻대로 되지 않았다. 자연스럽게 백Back을 서서 그들의 움직임을 살피고 있었다. 여차하면 곧바로 달려가서 구해줄 것처럼 말이다.

다이빙이 끝난 레스토랑에서도 함부로 돌아다니지 못했다. 내가 훈련받고 있는 센터 직원에게 들킬 것 같았다. 죄인 아닌 죄인이 되었다.

다음 날 센터에 출근해서 줄리아가 이끄는 교육생들을 따라 오전 다이빙을 끝냈다. 오랜만에 그녀가 웃으면서 내게 말했다.

"어디서 과외 받고 왔어요? 실력이 확, 늘었네요?"

그 순간 도둑이 제 발 저린 것처럼 나는 움찔했다.

1 닭고기 크림 스프가 있는 카페
2 길거리 개와 교감하고 있는 남자

오르카 다이빙센터 3
오르카 펀 다이빙 4

11

펀 다이빙,
그 '펀'이 아니라고요

나이트 다이빙

다이브 마스터 훈련을 받은 지 한 달이 지나갔다. 조나단의 무뚝뚝함과 말투에 어느 정도 익숙해졌다. 겨울이 우기이지만 한 두어 번 비가 온다던 다합에 비가 내렸다. 센터 직원들은 어린아이처럼 비를 맞고 뛰어다녔다. 내 실력도 차곡차곡 늘어갔다. 나는 나이트 다이빙을 DMT 중에서 제일 많이 간 훈련생이 되었다.

나이트 다이빙은 기존 장비에 손전등만 추가할 뿐인데도 묘한 매력이 있었다. 둥그런 불빛 속에 갇힌 산호초와 바다 생물. 모래밭에 무릎 꿇고 앉아 전등을 끄고 팔을 휘저을 때마다 출렁거리던 깨알 같은 플랑크톤 빛. 출수 100m를 남겨 두고 어둠 속 바다를 유영할 때는 흡사 자궁 속이 이런 곳이 아닐까, 라는 평온함에 가슴이 벅차올랐다.

들리는 것이라고는 킥 차는 소리. 달빛에 물든 수면의 출렁거림 등이 짙은 코발트블루 바다색이 작은 전등을 배 쪽에 갖다 대어 불빛이 새어 나오지 않게 했을 때 날것 그대로 전해졌다. 하지만 출수 뒤

는 혹독했다. 웨트슈트 속으로 찬기가 몰려들었기 때문이다.

나이트 다이빙을 자주 갔던 이유는 딱 한 가지였다. 모자란 실력을 보충하기 위해서였다. 다이빙 실력은 물속에서 이루어진다. 발차기 한 번이라도 더 해야 하고 호흡 조절을 익히기 위해서는 공기통을 메고 물속으로 들어가는 기회를 만들어야 한다. 다행인 것은 조나단은 낮에 펀 다이빙을 허락하지 않았지만 퇴근하고 나면 간섭하지 않았다. 이런 나를 마하무드Mahmoud가 챙겼다.

그날도 오후 레스큐 교육을 받고 병원에서 DM이 되기 위해 필요한 절차인 건강 검진을 받으러 가려고 했다. 마하무드가 나이트 다이빙이 있다고 말했다. 규와 J는 병원으로 향했지만 나는 다이빙에 합류하기로 했다. 매일 있는 것이 아니다.

클래스 룸에서 다이빙 시간이 되기를 기다리고 있을 때 한 남자가 들어와서 내게 아는 척을 했다.

"선생님, 선생님이 가르쳐준 호흡법을 해서 제가 칭찬을 들었어요."

고개를 들어서 누군가 봤더니 아뿔싸, 일주일 전 '총체적 난국 팀'의 그가 아닌가. 블루 홀에서 중도 출수했던 붕붕 떴던 남자.

붕붕 떴던 남자

일주일 전이었다. 조나단과 줄리아가 이틀 휴가를 떠난다고 했다. 우리 셋은 펀 다이빙을 갈 수 있을 거라면서 환호했다. 환호하는 우리에게 조나단이 기어코 한마디 했다.

"펀은 무슨 펀이에요? 장비 메고 5m 수심에서 스킬 연습PADI 물속 24가지 스킬하세요?"

세 명이 동시에 소리를 질렀다.

"아, 안 돼요!"

어렵게 얻은 펀 다이빙. 규는 감기가 심하게 걸려 다음 날 센터에 출근하지 못했다.

두 팀이 펀 다이빙을 신청했다. 한 팀은 블루 홀을, 다른 팀은 타이거 베이 포인트로 간다고 했다. 타이거 베이 쪽은 세 명. 가이드 한 사람으로 충분히 컨트롤이 가능했다. 그래서 총 지휘자 마하무드가 J와 나를 블루 홀 쪽으로 배정했다.

블루 홀은 이제 막 어드밴스 교육을 끝낸 초보 다이버들이 여덟 명이나 되었다. J는 계속해서 타이거 베이 쪽으로 간다고 고집을 부렸다. 그쪽 팀에 곧 귀국할 친구가 있었다. 마하무드도 그의 고집을 이기지 못했다. 블루 홀 쪽 팀은 마하무드와 내가 책임져야 했다.

그는 내게 가이드 역할을 맡겼다. 총 여덟 명 중에 그래도 깡 수가 있다는 세 명을 내 팀에 넣어주었다. 이들을 이끌면서 앞서가는 마하무드 팀을 따라가기만 하면 되었다.

주로 펀 다이빙을 나가면 센터에서 20~30분간 차를 타고 포인트로 이동한다. 2깡이 기본이다. 블루 홀과 캐니언Canyon은 거의 한 묶음이다.

블루 홀보다는 캐니언을 먼저 입수한다. 깊은 수심부터 다이빙을 하는 것이 원칙이다. 블루 홀 최대 수심이 130m이지만 스포츠 다이빙에서는 25~32m 정도에서 멈춰서 왼쪽 산호초를 보면서 서서히 상승한다. 캐니언은 34m 협곡에 들어갔다 나와야 한다.

캐니언 입수가 시작되었다. 입수하고 10초나 지났을까. 내가 이끌고 있는 팀원 중에서 그래도 펀을 좀 다녔다는 남자가 물 위로 떠올랐다. 웨이트 10kg을 찰 정도로 몸집이 있었다. '디플'을 누르라는 내 신호에 그가 연거푸 눌러도, 내가 다가가서 그의 공기통을 눌러줘도 가라앉지 않았다.

그 와중에도 손목에 매달린 고프로GoPro 카메라로 사진을 찍고 있었다. 앞서가던 마하무드가 와서 그를 끌어내렸다. 가라앉자마자 마하무드는 그가 가지고 있던 여분의 웨이트 2kg을 그의 공기통에 매달라면서 내게 주었다. 그것도 모자라 2kg을 각각 BCD 양쪽 주머니에 넣어줬다.

바닥에서 기다리고 있던 일곱 명은 호버링을 하지 못했다. 모래밭에서 부지런히 킥을 차고 있어서 가이드를 볼 수 없을 정도로 부유물이 시야를 가리기 시작했다. 어서 그곳을 벗어나야 했다. 자칫 잘못하면 길을 잃을 수도 있었다.

그곳에서부터 나는 붕붕 떴던 남자만을 온전히 담당하라는 지시를 받았다. 그의 팔짱을 끼고 유영했다. 두 번 떠올랐지만 그를 가라앉혀 무사히 34m 협곡까지 수직 하강했다. 마하무드가 팔로 하트를 만들어주었다. 다시 그와 함께 수직 상승에 성공했다. 하지만 출수 직전 5m 지점 3분 정지할 때 그가 떠올라버렸다. 수심이 얕아서 다시 가라앉히기가 힘든 곳이었다.

마하무드의 보조 호흡기를 사용하는 다이버도 있었다. 마하무드는 공기 게이지를 일일이 다 체크하더니 원래 출수 장소가 아닌 바로 그 자리에서 떠오르기로 결정했다. 우리는 수면에서 BCD에 공기를 넣고 출수 지점까지 헤엄쳐서 갔다.

아, 이 친구들 총체적 난국이었다. 떠오르거나, 오르락내리락하거나, 부유물이란 부유물은 다 일으키고도 사진 찍느라 가이드 신호 무시하는 장난꾸러기 같은…

마흐무드의 경고

카페에 도착했을 때 단단히 화가 난 마흐무드가 사진기를 들고 들어가면 블루 홀에 가지 않겠다고 했다. 내가 교육시키러 온 것이 아니라고 덧붙이기까지 했다. 안 되겠다 싶었는지 센터에 전화해서 가이드 한 명을 더 불렀다.

마흐무드는 멀찍이 떨어져서 연거푸 담배를 피웠고 총체적 난국 팀은 그래도 좋다며 수다를 떨면서 점심을 먹었다. 붕붕 떴던 남자는 한쪽 구석 소파에 기대서 그동안 끊었다던 담배에 불을 붙였다. 나는 그 팀과 마흐무드 사이에서 어정쩡하게 서 있었다. 다이브 마스터 훈련생에게는 'Fun Divning'에서 'Fun'이 'Fun'이 아니라고들 했다. 그 말이 몸서리쳐지도록 실감나는 순간이었다.

내게 한없는 자유를 선사했던 블루 홀. 과연 그곳에 이 팀을 끌고 갈 수 있을까.

펀 다이빙 가이드 마흐무드가
브리핑하고 있다

1 Canyon 산호초
2 가랄의 나이트 다이빙 브리핑. 그의 다이빙은 낭만이 있다

ⓒ 정우성

12

다이빙,
열심히 하면 얻게 되는 것들

중도 출수

"선생님, 선생님 충고대로 이제는 다이빙하면서 사진 찍지 않아요. 아예 들고 가지도 않거든요. 좀 더 실력을 키워서 멋진 모습으로 찍으려고요."

붕붕 떴던 남자가 클래스 룸에 있는 내게 와서 말했다.

"그래, 그래. 잘했어. 나도 물속 사진이 한 장도 없어. 어드밴스 교육 마지막 날 센터에서 찍어주긴 했는데 엉거주춤한 자세라 마음에 들지 않아. 좀 더 잘했을 때 찍으려고 아껴 두고 있어."

그가 붕붕 뜰 때 그의 오른 손목에는 카메라가 걸려 있었다. 그 와중에도 사진을 찍기도 했다. 나는 그의 손목에 매달린 카메라를 빼앗아서 던져버리고 싶었다. 마하무드도 나와 같은 마음이었던 모양이다. 그는 카메라를 들고 가면 블루 홀에 가지 않겠다고 엄포를 놓았으니까 말이다.

그 친구가 자신의 이야기를 다 하고 장비 세팅을 하러 내려가자 마하무드가 그를 알아보고는 내게 와서 걱정스럽게 말했다.

"너 아니? 전에 붕붕 떴던 남자가 다시 왔어."

블루 홀 다이빙하던 날 나는 붕붕 떴던 그 남자만을 담당하기로 했다. 우리는 짝을 이루어 무사히 25m 수직 하강에 성공했다. 미리 호흡법을 가르쳤기에 가능했다. 그러나 사건은 몇 분 지나지 않아서 터졌다. 7분 정도 다이빙을 했을 때였다. 한 번 떠오른 그를 끄집어 내렸는데 웬걸, 또 떠올랐다. 어떻게 그 깊은 수심에서 그 몸무게와 웨이트로 뜰 수 있단 말인가.

아, 나도 그를 잡으러 가다가 수면에 떠오를 수밖에 없었다. 아래를 보니 물속은 한없이 깊어 보였다. 마하무드 팀은 저 멀리로 사라지고 있었다. 이 친구를 계속 호흡시켜 가라앉힐 즈음이면 마하무드 팀을 완전히 놓칠 것 같았다. 더군다나 그는 거의 패닉 상태였다. 빠른 결정을 해야 했다. 밖으로 나가느냐 마하무드를 따라가느냐.

BCD에 공기를 넣고 다이빙 12분 만에 출수했다. 나와서 보니 그의 호흡기가 찢어져 있었다. 자꾸 물이 들어왔는데 자기가 잘못해서 그런 줄 알고 호흡기만 깨물었다고 했다. 호흡기가 잘못되면 보조 호흡기로 교체하면 되는데 그는 아무런 신호도 보내지 않았다. 그저 참기만 했다. 내게 미안했던 것이다.

결과적으로는 빠른 출수가 잘한 일이었다. 마하무드도 내 판단이 옳았다고 했다. 조금만 더 가서 떠올랐다면 산호초 군락이 많아서 힘들었을 거라고 했다.

의지의 한국인

걱정하는 마하무드에게 그 친구가 했던 말을 해주었다. 그는 블루 홀 사건 후 다음 날에 귀국하기로 했는데 귀국 날짜를 미루었다.

의지의 한국인 그(왼쪽에서 세 번째)와 마하무드(그의 오른쪽) 등
나이트 다이빙 떠나기 전에 서로 의기투합했다

자신이 기초 교육을 받았던 센터에서 호버링 등 스킬 교육을 신청해서 실력을 쌓았다고 했다.

블루 홀에서 일찍 출수했던 그날 우리는 많은 대화를 했다. 그는 손을 떨고 있었고 나와 눈을 마주치지 않으려고 했다. 레귤레이터 주호흡기 스커트 부분이 찢어져서 물을 삼킨 것도 그 이유였다. 하지만 그를 제일 괴롭힌 것은 자괴감이었다. 나 또한 그를 좀 더 잘 살피지 못한 미안함이 있었다.

나는 내 경우를 먼저 말했다. 물공포증과 오픈워터 교육 첫날 5m 수심에서 올라왔던 일 등. 효과가 있었다. 그가 맞장구쳤다.

"저도 물공포증이 있고 5m 수심에서 저만 떠올랐다니까요! 가슴이 정말 답답했거든요."

"그렇지? 그래서 나는 호텔에 돌아가서 얼마나 고민했는지 아니? 내가 왜 이 짓거리를 할까, 내가 내 돈 내놓고 사서 뭔 고생이야. 당장 때려치우고 싶었다니까."

"저도 그랬다니까요."

우리는 처음으로 낄낄거렸다. 그리고 내 실수담과 지금은 물속을 사랑하게 된 과정을 말했다. 그는 진지했다. 하지만 그의 속마음을 다 알 수 없어 그에 대한 미련은 그와 헤어지고 나서도 남아 있었다.

만약 그가 이곳에서 물공포증을 이기지 못하고 귀국한다면? 다이빙뿐만 아니라 다른 일을 했을 때에도 실력이 모자라는 상황이 닥치면 금세 포기하고 말지도 모른다. 매사에 포기하는 패배주의 심리 그리고 자기합리화가 그를 잠식할지도 모른다. 아, 이런 이유가 나를 이곳에서 견디게 하는 힘이기도 했다.

"일단 우리, 포기는 하지 말자. 늦게 가더라도 꾸준하면 목적지에 도착하더라. 나도 이렇게 견디잖아. 라이트하우스나 마쉬라바센터가 있는 곳과 가까운 다이빙 포인트 같은 곳에서 좀 더 연습하는 것도 괜찮지 않을까?"

조심스러운 충고를 했다. 생각 많은 그는 펀 다이빙에서 돌아오면 자신이 사용했던 장비를 세척하는데, 그곳에 오지 않았다. 며칠 뒤인 오늘에서야 나이트 다이빙을 간다고 내게 인사를 했던 것이다. 내 이야기를 다 듣고 난 마하무드가 웃으면서 말했다.

"오늘 그 친구 버디는 나야."

그 친구 버디는 마하무드였다. 나이트 다이빙이 끝난 뒤 까다로운 마하무드에게 실력이 좋아졌다는 칭찬을 들었다. 내가 칭찬받은 것처럼 가슴이 따뜻해졌다.

열심히 하면 얻게 되는 것들

꾸준히 연습한 결과 나도 칭찬을 받기에 이르렀다. 가이드인 가랄 Garal과 함께 나이트 다이빙을 다녀온 다음 날 가랄이 줄리아에게 가서 물었단다.

"도대체 노라내 애칭한테 무슨 일이 일어난 거예요?"

일반적으로 다이빙 실력은 한꺼번에 확, 좋아지는 경우는 드물다고 한다. 하지만 내 경우는 달랐다며 줄리아가 말했다.

마하무드도 내게 놀란 적이 있다. 그와 센터 앞바다로 다이빙을 갔을 때였다. 출수했을 때 갑자기 내게 공기가 얼마 남았냐고 물었다. 60이라고 하자 그가 내 게이지를 직접 확인까지 했다. 다이빙 중간중간 공기 체크를 했을 때 늘 내가 그보다 공기를 많이 남기더란다. 펀 다이빙을 다녀온 어느 날 J도 내게 한마디 했다.

"쌤, 이제 알겠어요. 쌤이 얼마나 실력이 늘었는지… 규만큼이나 잘 하셔요."

시간과 노력이 쌓여 실력은 늘어 갔지만 치러야 할 테스트는 호랑이가 나를 향해 입을 벌리고 있는 것처럼 서 있었다.

블루 홀에서 만난 즐거운 여행객

블루 홀 출수할 때

보트 다이빙 갔을 때

13

인공호흡 박자 맞추기, 이렇게 어려울 수가

레스큐 교육 및 시험

교육생들 훈련 보조 외의 시간에 틈틈이 시험을 치렀다.

수중에서 의식 없는 다이버 수면으로 떠오르게 하기, 타원형 탐색, 원형 탐색, 소시지 쏘아 올려서 걷어 오기, 수면에서 패닉 상태 다이버 뒤에서 끌고 100m 가기 등. 유난히 추운 날씨에 실수를 거듭했지만 통과했다. 다음 날 실시한 레스큐 교육과 시험에 비하면 이것은 시작에 불과했다.

레스큐 교육을 받기 전에 들은 말이 있다. 구조자보다는 희생자 피구조자가 더 고생한다, 물을 많이 마셔서 구토까지 한다는 등. 이 모든 소문은 사실이었다.

제일 먼저 장비를 다 착용한 희생자 역할 다이버가 조난을 당한 것처럼 물 위에 둥둥 떠 있어야 한다. 이런 희생자를 구조자가 발견한다. 하지만 구조자는 희생자에게 가까이 가서는 안 된다. 일정한 거리를 두고 물을 튕기면서 의식이 있는지 없는지를 먼저 확인한다. 패닉 상태 희생자가 구조자를 위험에 빠뜨릴 수 있기 때문이다.

구조자는 물을 튕기면서 "다이버, 다이버 괜찮으세요?"라고 외친다. 조나단은 시작 단계부터 나를 쪼아 대기 시작했다. 내가 "다이버, 다이버, 괜…"라고 말하면 목소리가 왜 그리 작냐, 희생자가 듣겠냐… 하다가 목소리를 크게 하면 다급한 목소리로 해야 되지 않냐, 라며 실실 놀려 댔다. 나도 대거리를 해댔다. "여기가 뭐 연극 학원입니까?"라고.

의식이 없는 것을 확인하면 희생자를 수면으로 돌려세우고는 인플레이터로 공기를 최대한 BCD에 공급한다. 희생자 웨이트와 호흡기, 마스크를 벗겨 낸다. 열을 센 뒤 인공호흡을 한 번 시킨 다음 도와주세요, 라고 외친다. 눈에 보이지는 않지만 인근 물속에 다이버가 있을 수 있기 때문에 만일의 경우에 대비하는 것이다. 그다음부터가 어렵다.

박자 열에 맞추어 인공호흡을 실시하면서 희생자를 기본적으로 100m 이상 떨어진 뭍으로 이동시키는 일이다. 이동시키면서 희생자와 구조자 장비를 하나씩 벗겨 나가야 한다. 가장 중요한 것은 인공호흡 박자를 놓치면 안 된다는 것이다.

하나, 둘… 일곱에 왼손을 턴다. 물기를 털어 내는 작업이다. 여덟에 희생자 코를 쥐고, 아홉에 희생자 입술에 입술을 가져갈 준비를 하고는 열에 공기를 불어넣는다. 그리고 다시 하나, 둘… 반복이다.

생각보다 박자 맞추기가 어렵다. 장비 벗기느라 반박자라도 놓치면 어김없이 다시, 라는 말이 떨어진다. 그러면 처음부터 다시 해야 한다. 구조자는 시험 통과를 위해서 고생한다지만 희생자 역할을 하는 다이버는 물 위에 또 떠서, 장비를 벗겨 내면 가라앉기도 하면서 끌려가야 한다. 얼굴도 제대로 탄다. 일곱 번째에 손을 털지 않을 경우 희생자 코로도 물이 들어간다. 말 그대로 개고생이다. 훈련생 3명은 돌아가면서 희생자가 되었다. 그런 다음 마지막 관문을 통과해야 한다.

400m 수영 10분 안에 들어오기

인근 앞바다에 변기가 수심에 따라 몇 개 있다.
수중 변기에 앉아 보기

순토 다이브 컴퓨터, 터키식 커피, 로그북, 웨트슈트.
내가 좋아하는 것들

레스큐 시험에서의 마지막 관문

레스큐 교육과 시험은 2m에서 5m 수심 바다에서 이루어진다. 인근 앞바다. 해안가에는 카페가 죽 늘어서 있고 그곳에는 늘 관광객이 북적댄다. 관광객 바로 앞에서 '다이버, 다이버 괜찮으세요?'라고 외치거나 '하나, 둘, 셋…'을 세면서 인공호흡을 하고 장비를 벗겨내야 한다.

박자 틀리면 처음으로 되돌아간다. 작은 소리로 하면 큰 소리로 하라고 조나단이 버럭 고함을 친다. 군대에는 가 보지 않았지만 구령 맞추는 소리가 딱 그 소리가 아닐까 싶다. 해안가 카페에 한국말을 알아들을 사람이 몇이나 있겠냐마는 좋은 구경거리를 제공해주는 셈이다.

희생자도 구조자도 장비를 다 벗고 해안가까지 무사히 갔다고 해서 끝나는 것이 아니다. 구조하느라 수면에 아무렇게나 벗어 놓았던 장비를 찾아서 잽싸게 착용해야 한다. 하지만 웨이트는 수면이 아니라 2~3m 물 바닥에 있다. 그때 나는 6kg 웨이트를 착용했다.

조나단은 장비 다 착용했으면 2~3m 수심에 떨어진 웨이트를 어김없이 주워 오라고 명령했다. BCD, 웨트슈트, 공기통은 그 자체만으로도 부력이 상당해서 가라앉히는 것만도 힘들다. 그것을 짊어지고 2m 수심 바닥에 떨어진 웨이트 6kg을 주워 와야 한다. 그것으로 끝이 아니다. 물속에서 허리에 착용까지 해야 한다.

몇 번 실패했지만 기어코 해냈다. 나는 그때 '욕의 힘'을 알았다. 욕을 할 때 사람들은 아주 강한 에너지를 발산하면서 상대방에게 저주를 퍼붓는다고 했다. 얼마나 악에 받쳤으면 웨이트를 주우러 갈 때마다 나는 조나단을 향해 C와 8을 되풀이했던가. 우습게도 그때마다 바닷속 바닥에 떨어져 있던 웨이트를 주워 올릴 수 있었다. 한

번 해내고 나니 계속해서 성공했다. 부력 강한 장비 짊어지고 세 번이나 해냈다.

레스큐 시험은 무사히 통과했다. 고통 끝에 오는 쾌감은 상당했다. 그리고 실력이 늘었다. 바닥에 떨어진 웨이트를 주워 온 뒤부터 장비 도움 없이 폐 속의 공기 조절만으로도 잠수가 가능해졌다. 조나단은 심술궂은 교관처럼 DMT들에게 훈련을 시켰지만 그는 훌륭한 스쿠버 다이빙 강사였다. 또 한 가지 안 사실은 규만 2m 수심에서 웨이트 주워 오는 것에 실패했다는 것이다. 무려 세 번이나. 그녀도 못하는 것이 있었다.

끝나지 않은 위기

이렇게 하여 이곳에서 오픈워터부터 시작해서 어드밴스, 스페셜티 3개, 레스큐, CPR 자격증을 취득했다. 최종은 DM다이브 마스터이다. 2월 19일 다합을 떠난다. 8일 정도 남았다.

이제 남은 시험은 두 군데 가이딩 테스트와 물속 지도 2군데 그리기, 400m 수영 10분 안에 들어오기이다.

가이딩 테스트는 인근 바다 두 군데 포인트 길을 익혀서 손님인 교육생을 가이드하는 것이다. 실제 교육생이 아니라 가이딩을 하지 않는 DMT 둘과 줄리아가 편 다이빙 손님 역할을 한다. 가이드가 알지 못하는 돌발 상황을 준비해야 한다. 가령, 핀을 잘못 신었거나 수면 위로 '붕' 뜨거나 하는. 그럴 때면 가이드로 나선 이가 문제를 해결해줘야 한다.

내게 가이딩 테스트는 최대의 위기였다. 3개월째 훈련을 받고 있는 규, 한 달 잡고 훈련받으러 온 J. J는 애초에 한 달 머물 예정이어서 조나단이 몰아서 훈련을 시켰다. 그 덕에 그의 실력은 몰라보게 늘었다. 하지만 그와 규는 제날짜에 귀국하지 않고 한 달 더 연장했다. 셋 다 귀국 날짜가 비슷하게 되었다. 그들이 남아서 나는 외롭지 않았지만 한 달 혼자 훈련받을 기회를 박탈당했다.

교육생들 훈련은 센터 수입과 연결되기 때문에 실수하는 훈련생보다는 좀 더 잘하는 DMT에게 시범 기회가 자주 주어지기 마련이다. 빈번하게 나는 배제되었다. 열등생만이 알 수 있는 열등감으로 나는 마음고생을 하고 있었다. 그것이 가이딩 테스트 때 폭발해버렸다.

센터에 온
펀 다이빙 손님들과 함께

14

열등생의 비애…
그리고 가이딩 테스트

열등생의 비애

"언니, 불평할 필요가 없어요. 누가 가르쳐주는 것이 아니라 스스로 배우는 거예요."

규는 아주 자신 있게 내게 말했다. 나는 단단히 심사가 꼬여서 다른 날처럼 그냥 지나갈 수가 없었다. 흥분된 음성으로 그녀의 말을 바로 받아쳤다.

"그럼 왜 우리가 교육비를 내지? 교육비를 내는 것은 가르침을 받고 피드백을 받기 위해서야. 그리고 생각해 봐. 너는 내가 올 때부터 잘했어. 처음부터 잘했다는 것이 아니라 내가 도착했을 때 너는 한 달 반 미리 교육을 받고 있어서 실력이 됐다는 거야. 못했을 때는 너 혼자 훈련하고 있어서 비교 대상이 없었을 거고. 하지만 우리가 훈련생이 되었을 때는 끊임없이 너와 비교 대상이 되어야 했어.

J도 처음에 그만둘까도 걱정했지만 귀국 날짜가 촉박해져서 몰아서 훈련을 했잖아. 나는 배제되고. 그때 실력이 늘어서 재미가 붙었잖아. 적극적으로 교육에 따라 들어갔으니까. 하지만 너희들이 귀국

을 미루고 한 달 더 남기로 했잖아. 계속해서 교육 따라 들어가고 시범 보이고. 강사 입장에서는 나를 훈련시켜 교육생들에게 시범 보이게 하는 것보다 미리 시켜 놓은 사람을 시키는 게 편하지 않겠니?

그래서 너희들도 바빴던 거야. 미처 나를 돌아볼 시간도 없었고. 조나단과 줄리아도 마찬가지였고. 나는 혼자 뱅뱅 돌고 있었어. 이것은 당해 본 사람만이 알아. 열등생의 비애 같아서 누구에게도 불평 못 하고. 그리고 너는 스스로 배우는 것이라고 자신감 있게 지금 말하고 있어. 너는 이미 배웠으니까…"

규와 나는 센터 2층에서 설전을 벌였고 J는 그 옆에서 아무 말 없이 앉아 있었다.

발단은 가이딩 테스트 훈련에서 시작됐다. 그동안 내가 훈련을 받으면서 쌓였던 불만이 한꺼번에 폭발해버렸던 것이다.

가이딩 테스트 훈련

가이딩 테스트는 규가 먼저 받았다. 진즉 통과했어야 할 그녀였다. 입수하기 전에 어느 곳에 갈 것인지와 안전에 관한 브리핑 후 장비 착용, 버디 체크 지시 등 펀 다이빙 가이드들이 했던 그대로 해야 한다. 입수 지점과 출수 지점도 정확히 찾아야 한다.

규는 DMT 선배답게 완벽하게 해냈다. J와 내가 입수하고 2분이 지났을 때 이퀄라이징과 호흡기에 문제가 있다는 미션에도 잘 대처했다.

가이딩 시험을 볼 때 유난히 바람이 거칠어서 출수할 때는 얼 정도였다. 하지만 시험이라는 긴장감과 줄리아의 매서운 지도가 우리를 흐트러지게 하지 않았다. 문제는 줄리아가 쉬는 다음 날 발생했다.

규와 줄리아와 함께

센터 옥상을 DMT들의 휴식 공간으로 이용하곤 했는데, 시간이 갈수록 그곳에서 쪽잠을 자는 횟수가 늘어났다

줄리아는 숙제를 내주고 갔다. J와 내게 가이딩 연습을 하라고 했다. 시험을 통과한 규는 손님과 강사 역할을 동시에 해야 했다.

먼저 J가 연습을 했다. J는 두 군데 중 한 군데를 했고 나는 아주 착실한 펀 다이빙 손님이 되어 J의 지시에 따랐다. 내 차례가 되었을 때는 젖은 슈트에 바람이 더욱 매섭게 들어왔다. 이미 규는 춥다면서 가이딩 훈련에 비중을 두지 않고 있었다. 내가 브리핑할 때도 듣는 둥 마는 둥 했다. 물속에서는 가이드가 길을 안내하는 것은 물론 중간중간 뒤돌아보면서 손님들과 게이지 체크를 해야 한다. 그런데 웬걸, 이들은 뒤돌아서서 뒷발차기 연습을 하는 등 천방지축이었다. 놀기로 작심한 듯했다.

물속이라 화를 낼 수도 없고 몇 번 그들이 그렇게 나오자 나는 무시를 당한 기분에 자존심이 그만 상해버렸다. 가이딩하는 것을 포기하고는 반환점부터서는 뒤도 돌아보지 않고 나왔다. 출수를 했을 때 기어코 비꼬듯이 한마디 하고 말았다.

"아무리 내가 능력 없는 가이드라지만 내 지시를 따라주는 것이 옳지 않니?"

말을 마치자 내 서러움에 울컥, 눈물이 쏟아지려고 했다.

"그건 그렇지만 펀 다이빙 손님들 천태만상인 것 아시죠? 그렇게 생각하시면 돼요. 이런 손님도 있고 저런 손님도 있다는 것. 우리는 불량 손님 역할을 했던 거예요. 그것 대처하는 것도 가이딩 능력이니까요."

규는 야무졌다. 만약 강사와 내가 대거리를 하고 있다면, 강사 입장에서 할 수 있는 말을 다 하고 있었다. 나도 강단에서 습관적으로 저런 말을 했을까, 순간 나를 점검해야 했다. 나도 고집은 있었다. 하고 싶은 말은 끝내야 했다.

"네 말이 맞긴 하지. 하지만 길도 익숙하지 않은데 그렇게 가이드 신호를 무시하면 집중력이 떨어지잖아. 너 때도 생각해 봐. J 너도? 다들 초보 가이드라 나는 정말 집중력을 떨어뜨리지 않게 하기 위해서 너희들의 신호에 최선을 다해 반응해줬잖아. 더군다나 줄리아도 없잖아. 안전에 대해 생각해야 하고, 특히나 훈련생에 대한 배려라고 생각해 봐. 배려…"

그래도 포기할 수 없는…

다음 날 줄리아가 출근을 했을 때 나는 그녀와 상의를 했다. 물공포증이 있던 내가 이 정도까지 온 것도 대단한 일이다, 이 정도에서 멈춰야 할까 등 밤새 여러 방향에서 고민하느라 잠도 제대로 못 잤다. 훈련이 힘들긴 했지만 견뎌 내고 있었다. 다합에서도 한국인끼리 모여서 하우스 셰어를 하지만 나는 혼자 있는 시간을 더 원했다. 외로운 것? 그런 것도 없다. 다만 열등생으로 전락하고 있다는, 그 패배감이 죽기보다 싫었다.

거두절미하고 줄리아에게 제시했다. 돈을 더 내더라도 개인과외를 받아야겠다고. 가이딩 시험을 통과해야 했다.

"상황을 한번 봐요. J부터 가이딩 테스트를 하면 물속이 더 밝아질 수도 있으니… 개인과외는 그다음 생각해 봐요."

결과적으로 줄리아는 유능했다. 상황 판단이 정확했고 결단력이 있었다. 사적인 것과 공적인 것을 구분할 수 있었다. 자신감까지 심어 주는 능력이 탁월했다.

그녀는 자신의 이야기를 들려주었다. DM이 되고 강사가 되기 위해서 남편인 조나단에게 훈련을 받았을 때 발차기를 하지 못해서 무시를 당했던 일. 오기를 품고 발차기 연습을 얼마나 했는지 인대가 손상될 수도 있다는 의사 진단에 한 달 정도 다이빙을 하지 못했던 일. 그녀의 뒤꿈치에 지금도 선명한 흔적이 있다. 다합에 와서 자리 잡기까지의 힘든 과정 등. 그리고 다합에 와서 자리 잡기까지의 힘든 과정에 대해서도 사심없이 들려주었다.

그날 점심 식사 후 J의 가이딩 테스트가 있었다. 어제 처음 갔던 코스는 여전히 시야가 좋지 않았지만 그는 무사히 해냈다. 미션도 잘 처리했다. 두 번째 코스는 내가 가이딩할 때 그들이 딴짓만 했던 곳이었다. 그는 처음부터 길을 잘못 들어 반환점에서 줄리아가 가이드 역할을 대신해야 했다. 출수하고 그는 말이 없었지만 얄궂게도 나는 그의 실패가 나의 위안이 되어 자신감으로 돌아왔다.

고양이와의 아침 식사

15

9분 55초…
드디어 모든 테스트를 마쳤다

마지막 시험

"배영이 그리 빠르다면서요? 어찌 손도 사용하지 않고 자유형만큼 빠를 수 있죠?"

조나단이 출근하자마자 내게 말했다.

전날 수영 테스트를 통과하지 못한 것이 센터에 소문이 다 났다. 그런데 떨어진 것에 중점을 둔 것이 아니라 배영이 빠르다는 것을 다들 신기해했다.

시험 감독은 줄리아였다. 그녀도 내게 뒷담을 들려주었다. 내가 3m까지는 자유형으로 잘 가더란다. 그런데 바로 배영으로 몸을 바꾸더란다. 옆에 있던 J에게, '어어, 벌써 배영으로 바꾸면 속도가 안 날 텐데?' 하며 시계를 봤단다. 그때 J가 '선생님, 저기 봐요? 배영이 엄청 빨라요. 멋지지 않나요?'라고 말했단다. 나는 J가 나를 두고 멋지다고 한 말을 강조하고 싶다.

물론 가이딩 테스트는 이틀 전에 합격했다. 우려한 개인 교습 같은 것은 없었다. 줄리아는 수험생의 심리를 잘 알았다. J의 테스트가

있는 다음 날 예고도 없이 진행했다. 길 찾느라 약간 망설였지만 입출수가 정확했고 반환점도 좋았다고 했다. 이 테스트는 길 찾는 것도 익혀야 하지만 앞에서 이끄는 자신감을 가질 수 있도록 하는 것이 무엇보다도 중요하다고 그녀가 말했다.

약간의 요령도 있었다. 입수 지점에서 28m 수심 코끼리 형상물이 있다. 다이브 컴퓨터에 수심 깊이와 다이빙 시간을 참고하여 포인트에 있는 형상물을 찾는다. 반환점은 공기 잔량이 중요하다. 공기는 200bar로 시작하지만 50bar 정도는 남기고 출수해야 한다. 만약의 사태를 대비하기 위해서이다. 총 다이빙을 150bar로 하는 셈이다. 75bar 정도 공기가 소요될 거리가 반환점이 된다. 포인트를 찾지 못해도 돌아와야 한다.

첫 번째 가이딩 출수지점을 내가 정확하게 찾았을 때 마스크 안 줄리아의 눈이 젖어드는 것을 봤다. 물공포증으로 겁에 질려 그녀의 눈을 봤던 두 달 전의 그 초보 다이버가 당당하게 가이딩을 하고 있었던 것이다. 그녀의 마음은 장성한 자식을 보는 어머니의 마음 같지 않았을까, 그 순간 내 뇌를 스쳐 가는 생각이었다.

물속 지도 그리기

다음 날 오전에는 J와 단둘이 라이트하우스를 돌았다. 가이딩 테스트 뒤 바닷속 길눈이 밝아졌다. 우리는 포인트 두 군데 지도를 그려야 했다. 나침반이 아닌 지형지물 '水形水物'이라고 해야 맞겠다 로 길을 익혔다.

28m에 있는 코끼리 형상이 기준점이 된다. 그곳에 닿기 전에 7.6~8.4m 물속에 사각 틀과 삼각 틀 네 개가 다른 높이와 방향으

로 설치되어 있다. 12m 바닥에는 허들 여섯 개가 나란히 있다. 바닥에서 1cm 떠서 그곳을 통과해야 하는데 조금만 허들을 공기통으로 건드려도 고정된 것이 아니어서 짊어지고 오게 된다.

허들 옆 Horus15m, Mummy22m, 살짝 왼쪽 편으로 가면 Elephant 조형물이 나온다28m. 나는 일부러 조형물 바닥까지 가라앉아서 수심 깊이를 다이브 컴퓨터로 쟀고 바닷속 지도를 그리는 데에 성공했다. 하지만 마지막 시험이었던 수영 400m를 10분 안에 들어오는 것에는 실패했다. 골인 지점을 몇 m 남겨 놓지 않은 때였다. 막 입수하려는 다이버 공기통과 부딪쳤다. 배영으로 오다 벌어진 일이었다. 10분 44초. 탈락이었다.

드디어 다이브 마스터가 되다

"오늘 다시 한번 해 봐요. 내가 보고 싶어서 그래요."

조나단은 내 배영에 여전히 관심을 두었다. 그렇지 않아도 재시험을 봐야 한다. 전날 불합격했지만 나는 자신감으로 충전되어 있었다. 만일의 사태도 대비하고 싶었다. 10분 44초가 걸렸다. 조나단에게 말했다.

"그렇지 않아도 재시험 봐야 해요. 그런데 선생님, 11분 통과 어때요? 그래도 합격하는 걸루다?"

"알았어요. 한 가지 영법이니 그렇게 할게요."

의외로 조나단은 넉넉했다.

이렇게 해서 조나단 교육 다이빙 중간 쉬는 시간에 수영 시험을 보게 되었다. 조나단뿐만 아니라 줄리아, 규, J가 해안가 카페에 서 있었다.

나는 전날처럼 실수하지 않기 위해 미리 100m 끝나는 지점 부표가 있는 카페 포인트 형상물을 기억해 뒀다. 방향을 잘 잡아야 했다. 믿는 것은 그동안 하이킹으로 단련된 다리 힘이었다. 팔 동작도 하다가 말았다. 다이빙하느라 입으로만 호흡해서 손동작할 때마다 짠물이 입으로 들어왔다. 순전히 발차기로만 100m 거리를 4번 왔다 갔다 했다. 방향을 확인하기 위해서 잠깐 몸을 뒤쳤을 뿐이다.

시간이 얼마나 흘렀는지도 알 수 없었다. 마지막 라인에 도착하고 멈췄을 때 저 멀리 줄리아가 팔로 하트를 그리는 것이 보였다. 통과했다는 뜻이다.

나는 궁금했다. 통과하긴 했는데 11분 안인지 10분 안인지. 1분 벌어 놓았지만 10분 안이어야 내가 만족할 수 있었다. 물 밖으로 나오자마자 물었다.

"선생님, 몇 분 걸렸어요?"

줄리아는 오랫동안 미소 짓더니 활짝 웃으면서 말했다.

"9분 55초!"

"와우! 5초 벌었네요? 제가 정당하게 통과한 거죠?"

나는 '정당하게'에 힘을 주었다. 다른 DMT보다 나이가 두 배 정도 많았다. '나이 찬스' 같은 것은 생각하고 싶지도 않았다. 정정당당하게 겨뤄 합격한 것이다. 내가 방방 뜨자 조나단도 거들어줬다.

"DMT 수영 테스트에서 한 가지 영법으로 통과한 사람도 처음이네요. 그것도 배영으로다."

SDI는 PADI와 달리 영법을 따지지 않는다.

나는 이렇게 해서 다이브 마스터가 되기 위한 모든 테스트를 마무리했다. 그동안 했던 마음고생들. 견디니깐 견뎌졌다는 말밖에 나오지 않았다. 그런데 이상하게도 내가 합격할 것이라는 것을 애초부터 알고 있었다는 듯이 담담해졌다. 또 다른 도전 항목을 기다리기라도 하듯 나는 다음 일정을 점검했다.

늦은 오후 갑자기 다이빙 센터 안뜰에 포말이 눈처럼 내렸다. 나는 센터 대표와 미팅을 잡았다. 언젠가는 이곳에 다시 올 것이라는 것을 알았다. 그때, 센터에서 허드렛일을 하는 소년이 어엿한 다이버로 자랐으면 싶었다. 나는 그를 후원하기로 했다.

다합에서
한 시간 택시를 타고 도착한
뉴웨이바(Nuweiba).
그곳에서 유일하게
삼겹살을 먹을 수 있다.
조촐한 회식

마하무드(오른쪽)는
다이브 마스터가 된 J와 나를
위해서 단독으로 가이드를 해주었다.
수심 42m까지 내려갔는데 그때
가오리를 봤다. 끝까지 의리를 지킨
센터 가이드인 마하무드와 함께

1 수심 28m Elephant 형상물

수심 15m Horus 형상물 2
수심 22m Mummy 형상물 3

다이빙을 끝낸 후

이집트 다합에서 만난 소년을
후원하고 생긴 일

이집트 다합에서 다이브 마스터 자격증을 딴 지 2년이 지났다. 귀국해서는 한국의 바닷속이 궁금해서 제주도로 떠난 적이 있다. 처음부터 아름다운 광경에 길들여진 나는 유월의 범섬 앞바다의 갈색 부유물에 그만 눈물을 흘렸다. 그 거친 파도는 또한 어떠하리.

다합 바다는 잘 가꾼 수족관이라고 해도 과언이 아니다. 파도도 거의 없다. 외국에서 다이빙했던 사람은 외국에서만 해야 한다는 지인의 말이 옳은 걸까. 담당자는 9~10월에야 시야가 좋을 거라고 했지만 내 실망감을 위로해주지는 못했다. 그래도 서운할 것은 없었다. 제주도의 지상 풍광은 어디에 뒤지지 않을 만큼 수려하니까.

다이빙에 대한 중독성은 없다. 애초에 산을 좋아해서 등산을 자주 다녔고 집 근처 수영장에서 실컷 수영을 했다. 하지만 다합 블루홀의 짙은 코발트 광활한 바닷속과 나이트 다이빙 출수 전의 수면에 아른거리는 달빛 무늬가 언뜻언뜻 꿈속에서도 나타나곤 했다. 비록 고생을 했지만 포기하지 않았기에 시간이 지날수록 그리움이 더해 가는 듯했다.

다시 방문할 것을 예감해서인지 욕심을 부렸다. 다합을 다시 찾았을 때 내 손길이 닿아 잘 자란 청년이 있었으면 싶었다. 다합에서 얻은 것에 보답하는 길이라고도 생각했다. 한 소년을 후원하기로 했다.

M이었다. M은 센터에서 허드렛일을 하는 소년이다. 다합에 막 도착

모세가 십계명을 받은 산이
시나이산이다

해서 센터에서 운영하는 게스트하우스로 향할 때 그가 내 캐리어를 끌어주었다. 영어를 썩 잘한 편이 아니어서 시원한 소통을 할 수는 없었지만 배가 고팠던 나를 위해 슈퍼마켓으로 뛰어갔던 소년이 기꺼이 돈을 지불하고는 빵을 사다주었다. 형편없는 게스트하우스 시설에 다시 호텔로 숙소를 옮겼을 때에도 짐을 옮겨주었다. 직원으로서 마땅히 해야 할 일이었는지도 모르겠다.

그 아이에 대한 좋은 기억만 있는 것은 아니다. 그는 가끔 게을렀고 휴대폰을 자주 봤으며 농담이 지나쳤다. 지나친 농담에 무반응으로 일관하는 나를 유치하게 보복하기도 했다. 센터에서 나눠주는 빵을 나만 쏙 빼고 다른 사람에게는 인심을 쓰듯 던져주는 방식으로 말이다. 그는 어렸다.

다합 거리에는 수많은 청년들이 일을 한다. 제법 배운 카이로 출신 직원들이 여행자를 상대하기도 하지만 궂은일을 하는 직원들은 그렇지 않다. 다합 변두리 출신들이 많다. 그들은 밤새 손님들을 호객하고 서비스하고도 아침 일찍 일어나 그날 장사 준비를 해야 한다. 훈련을 끝내고 호텔로 향할 때면 그들이 어두운 밤 불빛을 찾아 날아드는 나방처럼 보이기도 했다. M은 다합 출신이지만 그리 형편이 좋지 않아 학교를 다니면서 잡일을 하고 있었다.

떠나기 하루 전 센터 대표와 이야기를 했다. 그는 단단한 체격에 보통 키, 속눈썹이 길고 큰 눈에 장난기가 가득 찬 호감형이었다. 다합에서 알아주는 스쿠버 다이빙 실력자였다. 잘 웃고 농담을 잘하며 사교적이었지만 나는 그의 무표정한 얼굴을 가끔 접했다. 그는 사업가였다. 그에게 M을 후원할 생각이며 다이브 마스터가 되려면 얼마의 돈이 필요한지를 물었다.

간혹 펀 다이빙을 다녔던 O센터에도 문의를 한 뒤였다. 그는 그곳보다 훨씬 더 비싸게 말했지만 나는 그에게 맡기기로 했다. M은 그곳 센터 직원이었고 내가 가까이에서 접했던 훌륭한 강사들이 상주해 있었다. 또한 좁은 동네에서 이곳저곳 옮겨 다니는 것도 좋지 않을 터였다.

대표에게 몇 가지 부탁을 했다. 내가 후원하는 것을 비밀로 해달라고. 그리고 훈련을 시킬수록 일도 많이 시키라고. 자라면서 요행을 바라는 사람으로 성장하는 것을 원하지 않는다고. 대신 집안 형편이 어려운 듯하니 다달이 월급을 챙겨주었으면 좋겠다고.

그는 흔쾌히 내 제안을 받아들였다. 비밀은 없는 듯했다. 대표가 일하는 아이에게 돈을 투자할 리는 없다는 것을 아는 듯 M뿐만 아니라 몇몇 사람은 눈치를 챘다. 다만 금액은 알지 못했다.

나는 한꺼번에 돈을 지불할 수 없기에 4개월로 분할하기로 했다. 가지고 있는 돈을 모아서 한 달 치를 주고 왔다. 내게 적은 돈은 아니었지만 다음 방학 때 여행 한 번 다녀오지 않으면 굳을 돈이었다. 이 돈이 이집트에서는 허드렛일을 하는 소년이 전문가가 될 수도 있다. 잘하면 한 사람의 인생이 달라질 수도 있다. 나머지 돈은 해외 송금을 했다. 귀국해서 돈을 두 번 송금했다. 월급 받는 날은 유난히 화창해서인지 괜스레 기분까지 좋아졌다.

송금 한 번만 남은 하루 전이었다. M한테 문자가 왔다. 센터에서 해고당했다고. 센터 대표에게 연락을 했다. 마지막 송금이 남았는데 송금해야 할지 모르겠다면서 우회적으로 M의 해고 이유를 물었다.

M은 제일 바쁠 때 출근하지 않았다. 실업고등학교를 다녔던 그는 시험기간이라 미리 양해를 구했다고 했다. 그러고는 의료용 산소통을 고장 냈다는 등 몇 가지 해고할 수밖에 없는 실책을 대표가 나열했다. 하지만 나를 봐서 한 달 후에 다시 고용할 수도 있다고 했다.

1 다합에서 2시간 달리고도 5~6시간 야간 산행을 해야 시나이산 정상에서 일출을 볼 수 있다. 새해 일출을 기다리고 있는 사람들
2 정상 길목에 있는 베두인 카페

해가 떠오르자 밤에는 볼 수 없었던
메마른 땅이 제 모습을 드러냅니다.
새해 첫 햇살을 정수리에 이고 하산하는 사람들

나는 객관적으로 그 상황을 말해줄 사람이 필요했다.

복잡한 관계에 끼어들지 않기를 원하는 제보자는 이렇게 내게 전했다. M은 오픈워터와 어드밴스 교육까지 들어갔지만 그 뒤로 다이브 마스터 훈련은 받지 않았다. 의료용 산소통은 오래되어서 스스로 고장 났다. 그는 M이 게으른 것은 사실이라고 덧붙이면서 돈을 낭비하지 말라며 나를 걱정했다.

결과를 받아들고 제일 화가 난 대상은 나 자신이었다. 순진하게도 사람을 믿었다? 나는 신중하려고 노력했다. 결정하기까지 다이빙과 다이빙 사이 양지바른 곳에서 찬기를 말릴 때 고민하고 고민했다.

내 판단이 잘못되었다는 사실에 자존심이 제일 상했던 것이다. 또한 약간의 돈으로 한 사람의 인생을 바꿀 수도 있다는 생각이 얼마나 자만적인가를. 대표의 이러쿵저러쿵하는 평가에는 관심이 없었다. 내가 내린 결정이었기에 내 책임도 일부는 있었다.

대표에게 서운한 것은 있었다. PADI 다이브 마스터는 18세 이상이 가능했다. M은 16세였다. 그래서 2년을 기다려야 한다는 말을 그는 내게 해주지 않았다. 그랬다면 내가 그렇게 서둘러서 후원하지 않았을 테니까. 다이브 마스터 훈련은 길어 봐야 6개월이다. 2년 동안 질질 끈다는 것은 돈의 위력이 떨어지는 한 관심 밖으로 벗어난다는 것을 의미했다.

일상을 살아내는 나는 정신없이 바빴다. 저 먼 곳의 일에 감정과 신경을 소모할 여력이 없었다. 한 달 뒤 다시 고용한다고 했으니 그때까지 잠시 생각을 접어 두기로 했다. M에게는 좋은 기회를 놓치지 말라고 하면서 다시 일할 수 있게 노력하라고 했다. 내가 침묵하는 사이 뜻하지 않은 일이 터졌다.

한국인 강사한테 갑작스럽게 연락이 왔다. 한국인 강사에게도 후원 얘기를 하지 않았다. 내 계좌번호를 알고 싶어 했다. 그 이유는 이러했다. 센터 대표와 후원자 아버지가 한바탕 싸움이 벌어졌단다. 후원금을 받아 놓고 왜 착복하느냐, 해고했으니 후원 받은 사람에게 주어야 하지 않느냐, 라고 M 아버지가 주장했단다.

그 주장이 먹히지 않자 모스크 최고 지도자를 찾아가 중재를 부탁했단다. 그때야 대표는 그 돈이 왜 M한테 가야 하느냐, 애초 노라 <u>내 애명</u>의 돈이니 그녀한테 돌려주어야 한다고 했단다.

돌려받았다. 오픈워터와 어드밴스 교육비, 펀 다이빙 비, 해외송금 수수료를 다 뺀 나머지 돈을. 돈이 그 둘을 싸움 붙였고 원래 주인은 가만히 있는데도 돌아오게 만들었다. 나는 허탈하게 웃을 수밖에 없었다.

연말 소득공제 영수증도 뗄 수 없는 후원을 했다는 경솔함이랄까, 순수하게 사람을 믿었던 순진함이라고 할까. 나는 그 모든 것을 생각하면서도 기회를 다시 만들어 보기로 했다. M에게 말했다.

'너무 내 욕심이 앞섰다. 열여덟 살 될 즈음 다시 기회를 만들어 보자. 그동안 영어 공부 좀 하고 센터 직원인 신실한 이슬람교 신자인 K처럼 진실한 종교인이 되어 보지 않을래? 네가 너를 다스릴 수 있게 말이야. 네가 다이브 마스터 되는 날, 내가 다합을 다시 방문하겠어. 약속할게.'

누구나 한때 욕망이 앞서서 실수할 때가 있다. 나도 마찬가지이다. 그런데 그 욕망이 또 시작한 일을 끝마치게도 만든다. 동전의 양면과 같은 것이지만 또 한 몸이다. 어떻게 사용하느냐에 따라 달라진다.

앞으로 다합과 어떤 인연이 펼쳐질지 모르겠다. 좋은 의도가 끝까지 결실을 맺을지 아니면 사라질지. 분명한 것은 풍경 속에 사람이 있고 그 사람에 의해 풍경이 달라질 수도 있다는 것이다. 진심이라면 그 진심이 통한다는 것도. 힘든 시간은 사람을 성숙하게 만든다는 것도.

여러 가지 생각들이 앞서지만 첫사랑과 같은, 내가 처음으로 시도했던 스쿠버다이빙의 애잔함이 그곳에 남아 있는 것처럼 내 믿음이 결실을 맺기를 바라는 마음 또한 시간이 갈수록 변하지 않고 있다. 드디어 2021년 9월에 그가 18세가 되니 다시 훈련을 시작할 수 있을 것도 같다. 그의 선생으로는 엄격하기로 소문 난 마하무드가 제격일 것 같아서 그에게 미리 그를 맡아달라고 부탁했다.

간혹, 좋은 소식을 기다린다는 것은 욕심일 수 있지만 어떨 때는 그 욕심을 부리고 싶을 때가 있다. 후원했던 소년이 잘 성장하기를 바라는 내 욕심처럼 말이다.

그 시간 그곳에서 함께했던 분들에게
고마움을 전하며